Tannheimer Tal und Jungholz

W0035177

Dieter Seibert

Bergwanderungen im Tannheimer Tal und Jungholz

Auswahlführer
für die Gebiete rund um Tannheim
Nesselwängle und Jungholz

Mit 54 Farbfotos,
43 Freytag & Berndt-Wanderkärtchen
im Maßstab 1:50000,
drei Freytag & Berndt-Kärtchen
im Maßstab 1:100000
sowie einem Winterpanorama

BERGVERLAG RUDOLF ROTHER GMBH · MÜNCHEN

Umschlagbild:
Haldensee und Rote Flüh

Bild gegenüber dem Titel (Seite 2):
Luchsköpfe vom Aufstieg zur Leilachspitze

Sämtliche Fotos vom Autor

Kartenskizzen: © Freytag & Berndt, Wien
Die Kartenausschnitte im Maßstab 1:50000 wurden der
f&b-Wanderkarte 352 „Ehrwald – Lermoos – Reutte – Tannheimer Tal"
entnommen.

Alle Rechte vorbehalten
Bergverlag Rudolf Rother GmbH, München
3. Auflage 1993
ISBN 3-7633-4092-0

Gesamtherstellung Rother Druck GmbH, München
(2357/31026)

Vorwort

Mit den sanften Wiesenböden und der malerischen Bergkulisse bietet das Tannheimer Tal das Ideal einer kleinen, in sich geschlossenen Bergregion. Ein Besucher, der vielleicht vor 25 Jahren zuletzt in diesem Gebiet war, wird über den Wandel erstaunt sein. Aus einem etwas ruhig-verschlafenen, von der Landwirtschaft geprägten Hochtal wurde eine Region voller Leben und einer gewissen Weltoffenheit. Finden wir doch hier sozusagen eine Art Musterbetrieb des heutigen Fremdenverkehrs im Alpenraum.

Doch keine Angst! Wir haben bewußt das Wort „Muster"betrieb gewählt. Hier wird man nicht von riesigen Hotelbauten und ausgedehnten Feriensiedlungen „erschlagen", wurden die Berge nicht umgestaltet, um Platz für Pisten-Autobahnen zu schaffen. Ein Lob den Bewohnern des Tales, die neuen Hotels und Pensionen (meist) gut in die Struktur eingefügt haben, die beim Lift- und Pistenbau nicht der Gigantomanie verfielen, und die vor allem neben der technischen Erschließung auch auf den sanfteren Tourismus gesetzt haben. So locken die Wanderwege und Gipfelrouten, die Loipen und die im Winter geräumten Spazierwege einen guten Teil der Gäste an.

Doch ohne die von der Natur gegebenen Idealbedingungen wäre diese Entwicklung nicht eingetreten. Vor allem der landschaftliche Reiz begeistert, der Kontrast zwischen den fast ebenen, von Grün überzogenen Böden und den so steil und unmittelbar aufragenden Bergen. So gibt etwa die Rote Flüh mit ihrer fast senkrechten Südwand einen besonders malerischen Hintergrund. Zum besonderen Schmuck gehören die beiden großen Wasserflächen, der Halden- und der Vilsalpsee, die ihre Täler in der gesamten Breite ausfüllen. Auch die Höhe der Berge „paßt", wie die Tiroler zu sagen pflegen. Man kann jeden Gipfel vom Tal aus als Tagestour besuchen, ohne dabei Gewaltmärsche auf sich zu nehmen. Und das wirklich Ungewöhnliche: Nicht weniger als 33 Berge sind mit einem Steig erschlossen!

Und dann gibt es weiter im Norden noch das Dorf Jungholz, das ganz von bayerischem Land eingeschlossen ist und deshalb zum deutschen Zollgebiet gehört. Auf den bergigen Wiesen verstreut und mit der nahen Zackenkrone des Sorgschrofens dekoriert wirkt hier alles etwas intimer, in sich geschlossener, eine Stufe bescheidener. Doch auch hier dominiert der Fremdenverkehr das Leben.

Trauchgau, im Sommer 1993   Dieter Seibert

Inhaltsverzeichnis

Ausflüge

Winter

Stichwortverzeichnis 123

Touristische Hinweise

Zum Gebrauch des Führers
Das Schema, nach dem die Touren abgefaßt wurden, ist so einfach und klar, daß sich alle Erläuterungen erübrigen. Dank der angelegten Steige, der genauen Wegbeschreibungen und der Kartenskizzen dürfte das Zurechtfinden keine Probleme bereiten. Trotzdem wird der Interessierte zusätzlich eine Wanderkarte mitnehmen, die ihn mit weiteren Informationen versorgt. Speziell für diesen Raum wurde die Karte „Hindelang und Tannheimer Tal" im Maßstab 1 : 35 000 von Zumstein, München, geschaffen, die ein gefälliges Bild bietet, in manchen Details aber noch zuverlässiger sein könnte.

Gehzeiten
Die Zeitangaben bei den einzelnen Routen sind für den Bergwanderer, der öfters unterwegs ist, berechnet. Der „Gelegenheits-Alpinist" und der Ungeübte sollten deshalb eher etwas längere Gehzeiten einkalkulieren.

Anforderungen
Die meisten Wanderungen verlaufen auf gut instandgehaltenen und markierten Steigen und Wegen. Dies sollte jedoch nicht darüber hinwegtäuschen, daß manche Stellen Trittsicherheit und Schwindelfreiheit erfordern. Außerdem ist zu beachten, daß die Touren im Frühsommer und nach längeren Schlechtwetterperioden erhöhte Schwierigkeiten aufweisen können. Um die jeweiligen Anforderungen besser einschätzen zu können, wurden die Nummern der Tourenvorschläge mit verschiedenen Farben markiert. Die Farben erklären sich wie folgt:

BLAU
Hierbei handelt es sich um ausreichend breite, mäßig steile, gut und lückenlos markierte Wege, die sich überwiegend in Tallagen und Almregionen unterhalb 1800 Meter bewegen. Sie sind auch bei unsicherem Wetter relativ gefahrlos zu begehen und damit auch bestens für Familien mit Kindern oder für Senioren geeignet. Die Gesamtgehzeit beträgt höchstens 4 Stunden.

ROT
Diese Wege sind ebenfalls ausreichend markiert, teilweise aber bereits schmal und recht steil angelegt; sie bewegen sich meist in Höhenlagen unter 2500 Meter und sollten nur von erfahrenen, mit entsprechender Ausrüstung ausgestatteten Wanderern angegangen werden. Rote Tourenvorschläge bieten tagesfüllende Unternehmungen.

SCHWARZ

Auch diese Steige sind ausreichend markiert, überwiegend aber schmal und über weite Abschnitte steil angelegt. Sie können sich bereits in hochalpinen Lagen über 2500 Meter bewegen. Stellenweise können sie sehr ausgesetzt sein, manchmal wird die Zuhilfenahme der Hände notwendig. Dies bedeutet, daß diese Steige nur von absolut trittsicheren, konditionsstarken, alpin erfahrenen und entsprechend ausgerüsteten Wanderern begangen werden sollten. Die Gesamtgehzeit kann auch über 7 Stunden betragen.

Ausrüstung

Bergwanderungen erfordern vor allem gute Schuhe mit wirklich rutschfesten Sohlen. Stiefel geben dabei mehr Halt als Halbschuhe. Empfehlenswert sind Modelle mit Zwischenkeilsohle, die stoßdämpfend und damit gelenkschonend wirken. Rasche Abkühlung, Temperaturstürze, vor allem aber der Wind machen das Mitnehmen warmer Kleidungsstücke (wie Pullover, Anorak und evtl. Handschuhe) auch im Sommer sinnvoll. Auch bei wenig Gepäck ist einzig ein Rucksack das Richtige; alle Hand- und Umhängetaschen etc. werden nach kurzer Zeit ausgesprochen lästig.

Gefahren

Bei den hier vorgeschlagenen Touren bleiben die Gefahren relativ gering. Es sollte trotzdem jeder über das Wesentliche Bescheid wissen. Die größte Aufmerksamkeit muß man auf das Wetter und die Verhältnisse legen, dabei ist das Vorausplanen das Wichtigste. Der weniger Erfahrene wird es klugerweise vermeiden, unterwegs in Nebel zu geraten. Es besteht die große Gefahr, daß man selbst einen größeren Weg verliert – etwa auf den Matten einer Alpweide – und sich dann verirrt. Und lange vor dem Beginn eines Gewitters wird man alle Grate und Hochflächen verlassen, um nicht vom Blitz getroffen zu werden. Bei feuchtem Wetter oder gar bei nassem Neuschnee verwandeln sich viele Wege – gerade im Bereich der Grasberge – in unangenehme, manchmal sogar gefährliche Rutschbahnen. Und im Frühjahr sollte man sich vor Antritt der Tour erkundigen (z. B. im Verkehrsamt), ob keine harten Altschneefelder den Weg erschweren.

Empfehlung

Jeder Bergwanderer sollte über die grundlegenden alpinen Bereiche wie die Gefahren, Verhaltensweisen usw. alles Wesentliche lernen. Wir empfehlen dazu das Studium der kleinen Lehrschrift „Grundschule zum Bergwandern", Bergverlag Rother, München.

Pisten, Loipen und Tiefschnee

Dem Wintersport kommt im Tannheimer Tal eine ganz wesentliche Rolle zu. So erscheinen in diesem Führer wenigstens kurze Übersichten zu den Pisten, Loipen und Skitouren. Die Freunde des Tiefschnees sollten jedoch beachten, daß fast alle Routen durch recht steiles und glattes Gelände führen und so eine recht starke Gefährdung durch Lawinen besteht. Es kann aber nicht Sache dieses Büchleins sein, näher auf die winterlichen Gefahren einzugehen.

Haldensee und Rote Flüh

Landschaft und Geschichte

Das Tannheimer Tal ist eine besonders „ordentliche" und freundliche Landschaft. Seine sanften Wiesenböden verlaufen von Osten nach Westen und sind scheinbar auf allen Seiten von hohen Bergen eingeschlossen, als wollte man damit seine volle Eigenständigkeit demonstrieren. Die Lebensader des Tales bildet die **Vils**, ein Flüßchen von eigenartig gewundenem und „unlogischem" Lauf. So hat es bei Pfronten-Steinach schon fast den Alpennordrand erreicht, strömt dann jedoch wieder mehr in die Berge hinein, um hinter dem Städtchen Vils nach insgesamt etwa 35 km in den Lech zu münden. Ein kleinerer Abschnitt des Tales entwässert jedoch durch die Nesselwängler Ache und den Warpsbach nach Südosten direkt in den Lech bei Weißenbach. Zwischen dem Haldensee und Nesselwängle liegt in 1150 m Höhe die Wasserscheide und damit auch ein Paß, eine Gegebenheit, die den Vorbeifahrenden meist gar nicht bewußt wird.

Keinesfalls übersehen kann man hingegen die beiden großen Wasserflächen der Region. Der freundlichere **Haldensee** (1124 m, Länge 1,4 km, Fläche 0,7 qkm) füllt das Haupttal zwischen dem Ort Haldensee und Nesselwängle in seiner gesamten Breite. Das sorgt für steile Nord- und Südufer, während im Osten und Westen die Wasserfläche in sanfte Wiesen übergeht. Segler und Surfer schätzen den See und seine Winde, und in warmen Perioden tummeln sich hier auch die „Wasserratten". Der **Vilsalpsee** (1165 m, Länge 1,4 km, Fläche 0,6 qkm) liegt nur unwesentlich höher und vermittelt doch einen strengeren und alpineren Eindruck. Er ist fast rundum von steilen Hängen und hohen Bergen eingeschlossen. Etwas weniger Sonne und kältere Zuflüsse – da bleibt das Wasser auch im Sommer recht frisch.

Die Gipfel südlich des Tales rechnet man zu den **Allgäuer Alpen**; man bezeichnet diese Untergruppe auch als Vilsalpseeberge. Hier stehen unmittelbar nebeneinander Gipfel mit auffallendem Steilgras und reichem Blumenschmuck wie die Rote Spitze, die aus den bunten Aptychenkalken aufgebaut ist, und zerborstene Felsberge aus Hauptdolomit wie die Lachenspitze. Der Bergwanderer sollte sich in diesem Gelände an die zahlreichen vorhandenen Wege halten, denn Abbrüche und scharf eingeschnittene Tobel machen ein pfadloses Gehen recht mühsam, manchmal sogar unmöglich.

Auf der anderen Talseite ragen die **Tannheimer Berge** auf. Dort fallen natürlich als erstes die wilden Kletterzinnen wie die Rote Flüh und der Gimpel ins Auge, denen der Wettersteinkalk zu den glatten Wänden und der hellen Farbe verhilft. Dank der ordentlichen Steige kann auch der Wanderer diese

Zinnen – und an der Judenscharte auch die Kletterer – aus der Nähe bewundern.

Die eigentlichen Architekten des Tannheimer Tales waren die Gletscher. Sie formten in der Eiszeit diese breite Wanne aus. Später lagerte dann das Schmelzwasser große Mengen an Moränenschutt in den Böden ab. Und noch vor 1000 Jahren bedeckten undurchdringliche und teilweise recht feuchte Urwälder das Gebiet. Bei der so freundlichen Wiesenlandschaft von heute kann man sich das nur noch schwer vorstellen! Die Allgäuer nutzten das Tal anfangs einzig für die Almwirtschaft. Erst im 14. Jahrhundert entstanden Dauersiedlungen, drängte man allmählich den Wald zurück und entwässerte die allzu nassen Auen. Außer in Nesselwängle kamen die Einwanderer vom Norden, also aus dem Allgäu. Doch 1432 wurde das Tal an Tirol verkauft, so entstand eine Mischung aus bajuwarischen (Tiroler) und alemannischen (Allgäuer) Einflüssen, die noch heute die Sprache und die Flurnamen prägen. Immer mehr Kulturland wurde in den Jahrhunderten gewonnen. Das Leben war weitgehend auf die Landwirtschaft und hier natürlich auf die Viehhaltung ausgerichtet. Doch heute würde die Bevölkerung bestimmt zu den Armen in Europa gehören, hätte man nach dem 2. Weltkrieg mit dem Fremdenverkehr nicht eine neue Existenz gefunden. Die Entwicklung der Bevölkerungszahlen gibt da interessante Aufschlüsse.

Gemeinde	Einwohnerzahlen			
	1840	1900	1966	1986
Tannheim	843	672	730	799
Grän	376	354	363	434
Nesselwängle	445	337	342	428
Zöblen	157	168	179	213
Schattwald	380	266	312	386
Jungholz	274	201	308	300
insgesamt	**2475**	**1998**	**2234**	**2610**

Ein Anhängsel von nur 7 qkm Größe, das zudem wirtschaftlich so halb zu Bayern gehört, hat ganz zwangsläufig unter seinem „Zwitterdasein" zu leiden. Selbst bei einem Führer über das Tannheimer Tal **und** Jungholz kommt – es kann ja gar nicht anders sein! – dieses Gemeindegebiet am Schluß. Zudem liegt **Jungholz** abseits, nicht im Tal der Wertach sondern an den Berghängen und in einem Nebensattel; die Bundesstraße führt mit großem Abstand vorbei. Was einst zu den echten Belastungen gehörte,

Zöblen im Tannheimer Tal vor dem Einstein

wirkt sich im Zeitalter des Fremdenverkehrs recht segensreich aus. Denn ohne Durchgangsverkehr strahlt der Ort trotz des manchmal lebhaften Gästeandrangs Ruhe und Gemütlichkeit aus.

Die Orte der Region

Fünf Gemeinden liegen über das Tannheimer Tal verstreut, und im Nordwesten schließt sich das Gebiet von Jungholz an. Das ergibt eine klare und übersichtliche Ordnung. Die Orte sollen hier nun mit ihren wichtigsten Daten kurz vorgestellt werden.

Tannheim, 1097 m
800 Einwohner, 2800 Gästebetten, PLZ 6675, Fremdenverkehrsverband, Tel. 0 56 75 / 6 22 00
Dem Hauptort, Zentrum und Namengeber des Tales gebührt die erste Stelle. Das stattliche Dorf liegt auf der Südseite der hier breiten Talfurche an der Einmündung des Vilsalptals. Zur Gemeinde gehören ein paar weitere Siedlungen und Weiler wie Berg, Kienzen und Innergschwend. Hier findet man auch alle wichtigen Geschäfte. Erstmals wurde Tannheim 1342 – damals noch als Alm der Allgäuer – urkundlich erwähnt. Doch schon 1377 entstand eine eigene Pfarre, und seitdem spielte der Ort die dominierende Rolle im Tal. Der Name läßt sich leicht erklären: Es ist die Ansiedlung bei den Tannen. Zum Sehenswerten gehören die Pfarrkirche St. Nikolaus von

Grän im Tannheimer Tal

Tannheim gegen die Blässe an der Schochenspitze

1725 mit ihrem reichen Schmuck und den guten Bildern und die 1653 erbaute Kapelle in Berg, die 1757 umgestaltet wurde. Jeweils am 17. September wird der Talfeiertag festlich begangen; er erinnert an das Jahr 1796, in dem an diesem Tag die Franzosen am Oberjoch erfolgreich zurückgeschlagen wurden.

Die wichtigsten Einrichtungen für die Gäste: Hallenbad, Tennisplätze und Tennishalle, Squash, Schießanlage, Kurse für Bauernmalerei und Handweben, Fahrradverleih, Bootsverleih am Vilsalpsee, Sesselbahn zum Neunerköpfl, Drachenfliegen, sechs Skilifte, Skischule, geführte Skitouren, Loipen und Winterwanderwege, Eisstockschießen, Rodelbahn, Polarhunderennen, Wildfütterung beim Vilsalpsee.

Grän, 1138 m

500 Einwohner, 1900 Gästebetten, PLZ 6673, Fremdenverkehrsverband, Tel. 0 56 75 / 62 85

Gut zwei Kilometer östlich von Tannheim liegt am Fuß des Lumberger Grates der Nachbarort Grän am sanft nach Osten ansteigenden Hang. So genießt man – vor allem von den oberen Ortsteilen Neugrän und Lumberg – einen hübschen Überblick mit dem Tal zu Füßen und dem Gaishorn als markantem Hintergrund. Zur Gemeinde gehört auch das Dörfchen Haldensee, das jedoch noch gut 300 m vom gleichnamigen See entfernt ist. Gleich mehrere Baumeisterfamilien und Stukkateure wie Hafenegger, Zobl und Pflaunder stammen aus Grän, erstaunlich bei einem so kleinen Ort. So wurde auch die Pfarrkirche von 1789 (Deckengemälde im Chor von Franz Anton Zeiller) unter der Leitung eines Einheimischen, Michael Zobl, erbaut. Der Name kommt vermutlich von Geröne = Windwurf.

Die wichtigsten Einrichtungen für den Gast: Zwei Campingplätze, Hallenbad, Freibad am Haldensee, Bootsverleih, Segeln, Windsurfing, Tennisplätze, Tennishalle, Squash, Fahrradverleih, Klettergarten, Ponyreiten, Sesselbahn zum Füssener Jöchl, fünf Skilifte, Skischule, Loipen, Eisplatz, Rodelbahn, geräumte Winterwanderwege, Wildfütterung.

Nesselwängle, 1136 m
400 Einwohner, 1000 Gästebetten, PLZ 6672, Fremdenverkehrsverband, Tel. 0 56 75 / 82 71

Nesselwängle ist der Ort mit der schönsten Bergkulisse. Ganz steil steigen die Hänge zu den Tannheimer Kletterbergen hinauf, besonders eindrucksvoll präsentiert sich die mauerglatte Südwand der Roten Flüh. Durch den Haldensee vom restlichen Tannheimer Tal getrennt, war Nesselwängle einst mehr gegen das Lechtal ausgerichtet. So erfolgte auch die Besiedlung von dort durch die Tiroler. Die Salztransporte von Hall über den Fernpaß und durch das Tannheimer Tal ins Bodenseegebiet brachten der Bevölkerung Verdienst und einen relativen Wohlstand. Doch die Geschichte des Ortes ist stark durch Katastrophen geprägt; ausgedehnte Brände, gewaltige Lawinen, Muren und Überschwemmungen aus den fünf Wildbächen zerstörten immer wieder größere Teile des Dorfes. So vernichtete 1863 ein Feuer nicht weniger als 42 Häuser. Heute jedoch präsentiert sich auch dieser Ort als schmuckes Fremdenziel. Zur Gemeinde zählt auch der Weiler Rauth, 1140 m, während – erstaunlicherweise – das gegenüberliegende Gaicht zu Weißenbach gehört. Die Brennessel und Wängle, die Verkleinerungsform von Wang (= vom Wald umgebene Grasfläche) standen Pate für den Namen. Ähnlich wie in Grän gab es auch in Nesselwängle in der zweiten Hälfte des 19. Jahrhunderts bekannte Stukkateure.

Die wichtigsten Einrichtungen für den Gast: Freibadestrand, Segeln, Windsurfing, Bootsverleih am Haldensee, Waldspielplatz für Kinder, geführte Wanderungen und Klettertouren, Fahrradverleih, Sessellift und drei Schlepper, Skischule, Loipen, Eisplatz, Rodelbahn, geräumte Winterwanderwege, Wildfütterung.

Schattwald im Tannheimer Tal

Zöblen, 1087 m

200 Einwohner, 400 Gästebetten, PLZ 6677, Fremdenverkehrsverband, Tel. 0 56 75 / 66 48

Das kleine, eng zusammengedrängte Dorf liegt im westlichen Teil des Tannheimer Tals am Fuß der steilen, hohen Grashänge von Ober- und Unterhalde, wo in 1300 m Höhe das Berggasthaus Zugspitzblick steht. Auf der anderen Seite der Vils gibt es noch die Häuser von Katzensteig und das Ponten-Skigebiet. Der Name wurde 1379 erstmals als Zobel Gut erwähnt.

Einrichtungen für den Gast: Wildgehege, drei Skilifte, Skischule, Loipen, geräumte Winterwanderwege.

Schattwald, 1080 m

400 Einwohner, 800 Gästebetten, PLZ 6677, Fremdenverkehrsverband, Tel. 0 56 75 / 67 28

Schattwald heißt die letzte Gemeinde des Tannheimer Tales, bevor die Vils in einer waldigen Schlucht verschwindet, um nach Pfronten im Allgäu zu strömen. Der Ort liegt weit verstreut auf beiden Seiten des Flüßchens. Die Straße steigt im Westen von Schattwald kurz an zur nahen Grenzstation und zum eigentlichen Oberjoch, 1178 m. 2,5 km später folgt dann die gleichnamige Ski- und Ferienstation, 1136 m. Der Name Schattwald hat seinen Ursprung in der Lage der ersten Häuser auf der Schattenseite des Tales.

Einrichtungen für den Gast: Hallenbad, Schwefelquelle, zwei Skilifte, Skischule, Loipen, geräumte Winterwanderwege, Rodelbahn, Polarhunderennen.

Jungholz, 1058 m

300 Einwohner, 1000 Gästebetten, PLZ D-8965 oder A-6691, Verkehrsamt, Tel. (aus Deutschland) 0 83 65 / 82 41, (aus Österreich) 0 56 76 / 82 41

Der letzte Tiroler Ort der Region bildet eine Enklave, das heißt, er ist rundum von bayerischem Gebiet eingeschlossen und hängt nur mit einer Spitze neben dem Gipfel des Sorgschrofen mit dem restlichen Österreich zusammen. Deshalb gehört Jungholz auch zum deutschen Zollgebiet, und man bezahlt hier mit DM. Der Ort ist auf der freundlichen, stark hügelige Wiesenlandschaft weit verstreut. An den umliegenden, abgerundeten Köpfen herrscht der Wald vor, doch im Süden gibt es mit dem Sorgschrofen, 1636 m, eine ganz markante Felskrone. Das einst allgäuerische Gebiet wurde 1342 von einem Wertacher nach Tirol verkauft, bei dem es – trotz der immer wieder aufflammenden Streitigkeiten – endgültig blieb (mit einer Unterbrechung zwischen 1938 und 1945). Einst lebten die Einwohner von Vieh- und Holzwirtschaft, von Nagelschmieden und Lodenherstellung, während heute der Fremdenverkehr an erster Stelle steht.

Die wichtigsten Einrichtungen für den Gast: Schwimmbad, Campingplatz, Tennisplätze, Kinderspielplatz, Schnitzkurse beim Bildhauer, geführte Wanderungen, sechs Skilifte, Skischule, Loipen.

Die Tannheimer Berge nach Sonnenuntergang

1 und 2 Tannheimer Rundwanderweg

Die große, bequeme Wanderung in Talnähe

Tannheim/Kienzen – Katzensteig – Schattwald – Vils-Stausee – Ghs. Rehbach – Vilstal – Kappl – Wies – Fricken – Zöblen – Berg – Grän – Haldensee – Haller – Nesselwängle – Schmitte – Haldensee-Südufer – Tannheim

Talort: Tannheim, 1097 m.
Ausgangspunkt: Etwa in der Mitte zwischen Tannheim und dessen Ortsteil Wiesle liegt südlich der Verbindungsstraße ein größerer Parkplatz.
Parkmöglichkeit: Siehe Ausgangspunkt.

Gehzeiten: Tannheim – Rehbach 2½ Std., Rehbach – Berg 3 Std., Berg – Nesselwängler Ache 3 Std., Rückweg nach Tannheim 2½ Std.
Anforderungen: Bequeme und gut beschilderte Wanderwege.
Einkehrmöglichkeiten: Gasthäuser und Cafés an vielen Stellen.

Der „Rundwanderweg Tannheimertal" wurde mit Konsequenz, Liebe und Augenmaß ausgewählt. Das dürfte das Ideale für eine Wanderung in Talnähe darstellen! Er meidet nicht nur die Autostraßen fast völlig, er führt auch immer wieder ein Stückchen an den Hängen empor und eröffnet so dem Begeher die schönsten Ausblicke. Damit wird man so reichlich verwöhnt, daß nie Langeweile aufkommt. Man sieht oft den Talboden und seine Orte von oben, und die schön geformten, zumeist felsigen Berge sorgen für einen dekorativen HIntergrund.

Der Weg zieht einmal am Südrand, in der Gegenrichtung am Nordrand des Tales entlang, das je stets weniger als einen Kilometer breit ist. Man kann also beliebig die Route in kleinere Schleifen zerlegen. Und es ist ganz klar, daß der Ostteil des Rundwanderweges landschaftlich wesentlich reizvoller ist.

Die Westschleife: Am Südrand des Parkplatzes führt ein Weg entlang. Auf ihm an den Häusern von Wiesle links vorbei und zur Verzweigung am Waldrand. Über den Älpelebach und im lichten Wald auf dem Fahrweg sanft bergauf. Knapp südlich des Weges versteckt sich der – eher unscheinbare – Höfersee, 1192 m, zwischen den Bäumen. Ein gutes Stück über dem Tal, teilweise auf freien Flächen oberhalb von Katzensteig, gelangt man zu den obersten Häusern von Schattwald. Über den Bach zum Parkplatz des Wannenjochliftes. Hinab in den Ort und bis vor die Vils. Jetzt diesseits am Ufer entlang zum kleinen Stausee. Auf Feldwegen zwischen schönen Wiesen, dann auf der Straße zum Ghs. Rehbach. Steil hinab zur Vils und noch kurz talaus zu einem weiten Boden. Nördlichster Punkt, 980 m.

Haldensee und Hahnenkamm

Durch ein kleines Nebental wieder bergauf und quer durch die teilweise steilen Waldhänge zu den Schattwalder Ortsteilen Kappl, Wies und Fricken, dann auf dem Sträßchen nach Zöblen. Am Bach entlang aufwärts zu den oberen Häusern, von dort über aussichtsreiche Wiesen nach Kienzerle und weiter bis oberhalb von Berg. Von dort evtl. in 20 Min. zurück zum Ausgangspunkt.

Die Ostschleife: Oberhalb der Häuser von Berg weiter nach Osten, dann über die Wiesen nach Grän. An der Kirche und der Schule vorbei und unter der Schnellstraße hindurch. Über Wiesenböden und durch ein nettes Tälchen zum Haldensee und ins Dörfchen Haller. Jetzt wieder etwas oberhalb der Straße auf Feldwegen nach Nesselwängle, das man in seinem oberen Teil durchquert. Am Fuß der Steilhänge in einem weiten Bogen nach Osten und Süden bis zur großen, ins Lechtal führenden Straße am Ende der weiten Talböden. Südlichster Punkt, 1120 m.
Über die Nesselwängler Ache und am Fuß der Krinnenspitze wieder talein zur Lift-Talstation gegenüber von Nesselwängle. Hinter einer bewaldeten Kuppe hindurch und weiter zum Haldensee. Am Südufer entlang und noch über die Strindenbach-Brücke. Jetzt links, um den Ort Haldensee südlich zu umgehen. Es folgen Feldwege, die etwas oberhalb der Straße zurück nach Tannheim führen.

22

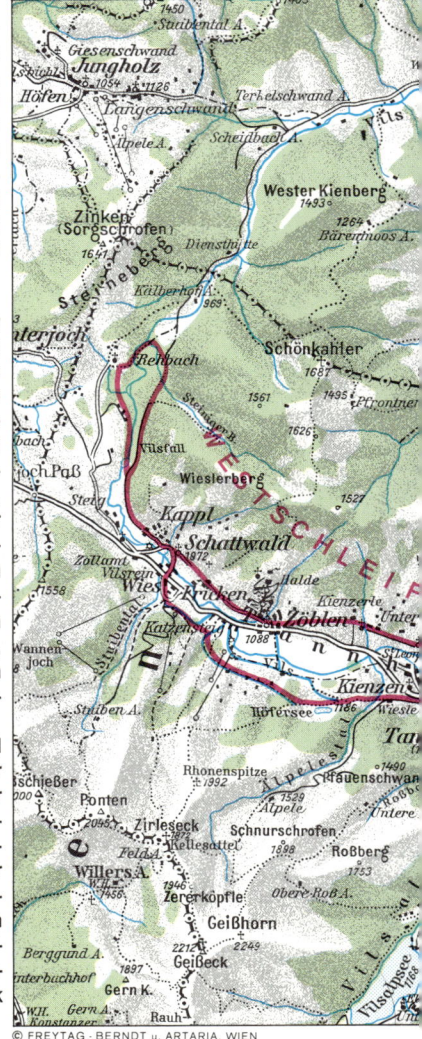

© FREYTAG - BERNDT u. ARTARIA, WIEN

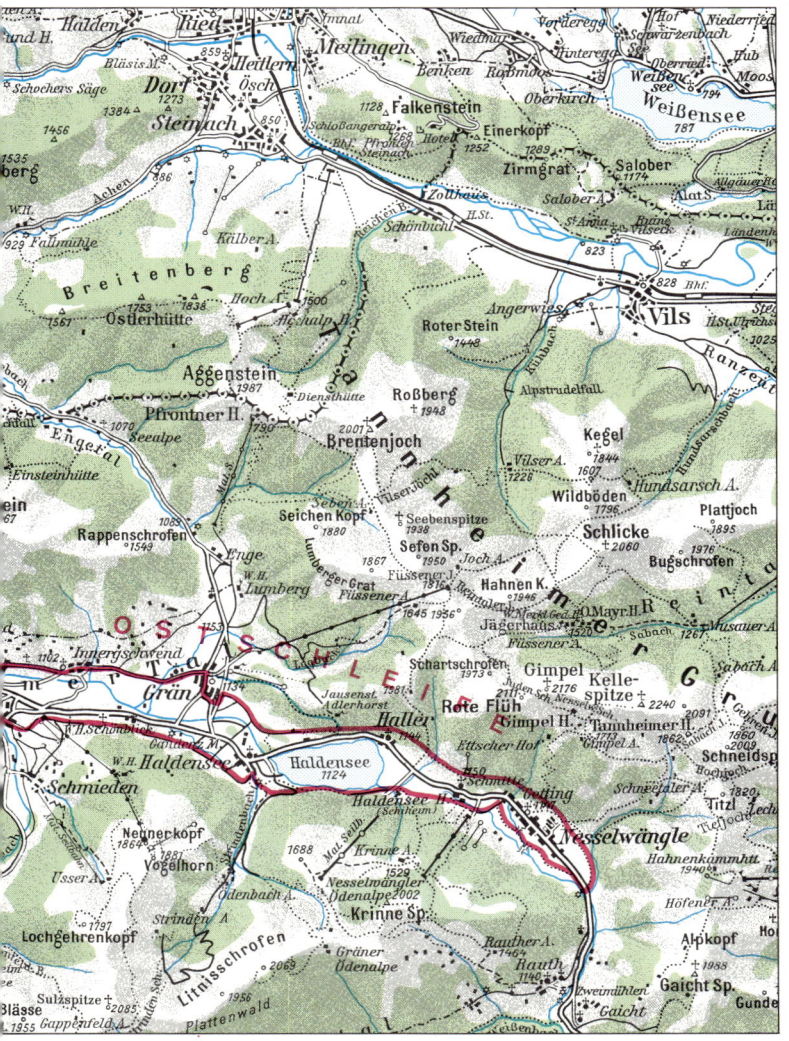

3 Schönkahler, 1688 m

Wanderung durch Wald, über Lichtungen und Matten

Zöblen – Unterhalde – Ghs. Zugspitzblick – „Alter Hof" – Rehbichl – Pirschling – Schönkahler

© FREYTAG · BERNDT u. ARTARIA, WIEN

Talort: Zöblen, 1087 m.
Ausgangspunkt: Entweder Ortsmitte oder Ghs. Zugspitzblick.
Parkmöglichkeiten: Beschränkter Parkraum im Ort, privater Parkplatz beim Ghs. Zugspitzblick.
Gehzeiten: Zöblen – Ghs. Zugspitzblick 40 Min., von dort auf den Schönkahler knapp 2 Std.
Anforderungen: Bergwege ohne alle Schwierigkeiten.
Höchste Punkte: Pirschling, 1634 m, Schönkahler, 1688 m.
Einkehrmöglichkeit: Berggaststätte Zugspitzblick, 1280 m.

Der erste Teil des Ausflugs führt über einen steilen, völlig freien Wiesenhang. Zu Füßen breitet sich das Tannheimer Tal aus, und gegenüber reihen sich die Gipfel der Vilsalpseeberge wie ein Panorama aneinander. Der Ponten, 2045 m, mit seinem dunklen, felsigen, gezackten Nordgrat fällt dabei besonders ins Auge. Der zweite Teil des Anstiegs hingegen führt durch eine Landschaft ganz anderer Art. Lauschige, abgeschiedene Lichtungen wechseln mit kurzen Waldpassagen. Das Gelände ist flach und wellig, selbst die beiden Gipfel zeigen runde und weitläufige Formen.

Die Route: An einem Wildgatter mit Steinböcken etc. vorbei zum oberen Teil des kleinen Ortes und über die Steinebachbrücke nach links zu den wenigen Häusern von Unterhalde. Auf dem Sträßchen in fünf langgezogene Kehren über die steilen Wiesenhänge empor nach Oberhalde mit dem Berggasthaus Zugspitzblick in aussichtsreicher Lage. Evtl. bis hier mit dem Pkw. Auf dem Weg über die nun flachen Hänge schräg rechts aufwärts zum Waldrand. Nach einem kurzen Stück zwischen Bäumen folgt die erste Lichtung. Hier nun erst gerade, dann ein gutes Stück nach links hinüber bis in ein Tälchen. Wieder kurz im Wald, dann erreicht man den waldumsäumten Boden „Alter Hof". Genau nach Norden über den wenig ausgeprägten Rücken zwischen Baumgruppen auf den Pirschling. Kurz abwärts in einen Sattel. Im nun wieder freien Gelände über Gras aufwärts auf eine Schulter und weiter über den Grat zum Gipfel, der nach Norden steil ins Achental abfällt.

Bei Zöblen

4 Einstein, 1866 m

Ein Individualist unter den Tannheimer Bergen

Tannheim – Berg – Südflanke – Südostrücken – Einstein

© FREYTAG · BERNDT u. ARTARIA, WIEN

Talort: Tannheim, 1097 m.
Ausgangspunkt: Der Tannheimer Ortsteil Berg, 1100 m, der auf der anderen Talseite am Fuß des Einsteins liegt.
Parkmöglichkeit: Sehr beschränkter Parkraum an den Straßenrändern im Ortsteil Berg.
Gehzeit: Berg – Einstein 2 Std.
Anforderungen: Kleiner, teilweise steiler und steiniger Pfad.
Höchster Punkt: Einstein, 1866 m.
Einkehrmöglichkeiten: Nur im Tal.

Der Name Einstein sagt schon viel über das Besondere dieses Berges aus. Mit „Stein" benennt man hervortretende und auffallende Felsgipfel, und das „ein" deutet auf die völlig isolierte Lage hin. Ganz allein steht dieser Berg nördlich von Tannheim. Das stempelt ihn natürlich auch zum Aussichtsgipfel der Extraklasse. Vor allem die Berge südlich des Tales liegen „schön ordentlich" aufgereiht genau gegenüber, man kann sie alle studieren vom Wannenjoch über das Gaishorn bis hin zur Krinnenspitze. Die Hauptgipfel der „Tannheimer" hingegen schieben sich stark hintereinander und bilden eine enge Gruppe recht wilder Hörner. Der angelegte Steig klettert zwar über ein paar steilere Stellen, bereitet jedoch keine echten Schwierigkeiten. Die Südlage sorgt für Trockenheit und Wärme im Sommer, ermöglicht dadurch aber auch eine Besteigung schon früh und noch recht spät im Jahr. Man kann auch nach Norden absteigen und käme dann bei der Zollstation ins Achental. Doch eine Überschreitung ist natürlich nur sinnvoll, wenn man dort ein zweites Auto deponiert, denn Busse verkehren auf dieser Strecke nicht, und ein Rückweg zu Fuß wäre weit und wenig attraktiv.

Aufstieg: Beginn der Tour im linken, oberen Teil von Berg. Auf dem anfangs noch breiten Weg über die weiten Weideflächen mit schönem Blick auf Tannheim empor, dann über Lichtungen noch immer nur mäßig steigend an den Bergfuß. Auf dem nun schmaleren Pfad über die steile, teilweise grüne, teilweise von Geröll bedeckte Flanke in Serpentinen zu einer Lücke im Hauptgrat empor. Gleich wieder links in die Hänge, über eine Schrofenstufe, dann teilweise zwischen Latschen steil auf den Gipfel, der von einer ganz kleinen Hochfläche gebildet wird, die fast allseitig in Wänden abbricht.

Einstein, von rechts der Aufstieg

5 Aggenstein, 1987 m

Der Eckpfeiler der Tannheimer Berge

Grän – Enge – Seebach – Pfrontner Hütte – Aggenstein

© FREYTAG · BERNDT u. ARTARIA, WIEN

Talort: Grän, 1138 m.

Ausgangspunkt: Von Grän Richtung Enge am Campingplatz vorbei bis kurz vor die letzten Häuser. Hier liegt rechts der Straße in 1150 m Höhe der Parkplatz der Pfrontner Hütte.

Parkmöglichkeit: Größerer Platz am Ausgangspunkt.

Gehzeiten: Knapp 2 Std. zur Hütte, weitere 40 Min. bis auf den Gipfel.

Anforderungen: Breiter Bergweg bis zur Hütte, dann kleinere, teilweise recht steinige Steige, schrofendurchsetzter Gipfelaufbau, Sicherungen, Trittsicherheit notwendig.

Höchste Punkte: Aggenstein, 1987 m, Pfrontner Hütte, 1792 m.

Einkehrmöglichkeit: Pfrontner Hütte des Alpenvereins.

Sehenswertes: Interessante Flora, Tiefblick ins Ostallgäu.

Der Aggenstein mit seiner ungewöhnlichen, asymmetrischen Form ist der besondere Blickfang und Schmuck über dem Gebiet von Pfronten. Auch aus dem Engetal fällt der elegante Felsgipfel auf. Von Grän im Tannheimer Tal aber ist der Berg kaum wiederzuerkennen, besteht er doch auf der Südseite aus fast felsfreien, allerdings sehr steilen Graspleisen. Schon vom Parkplatz aus erkennt man den Weg, der dort in Kehren hinaufführt. Und rechts etwas unterhalb sieht man die auf ihrer kleinen Felskanzel thronende Pfrontner Hütte. Ein so „offenherziger" Berg steht natürlich auf der Wunschliste jedes Tannheimer Gastes an einer der ersten Stellen, zumal der Blick nach Norden ins Ostallgäu und hinab in das so weit verstreute Pfronten zum Eindrucksvollen gehört. Man kann die Gipfelbesteigung natürlich auch mit dem Höhenweg, unserer Tour 6, kombinieren.

Zur Pfrontner Hütte: Vom Parkplatz auf einem Fußweg gerade zu einem nahen Sträßchen hinauf. Ein paar Meter weiter links zweigt der Hüttenweg ab. Auf einem Fahrweg erst über schöne Böden, dann kurz vor der Station des Materialliftes rechts auf dem Fußweg weiter. Auf ihm erreicht man eine Schulter. Von dort hinein zum Seebach und um einen Rücken zu einem weiteren Bacheinschnitt. Nun rasch aufwärts durch lockeren Wald zum Grat und nach links zur Hütte.

Auf den Gipfel: Schräg durch die jähen Grashänge in die Steilmulde unter dem Gipfel. In Kehren empor zum schmalen Grat, wo der Steig von Pfronten heraufkommt. Nach links in die Schrofenflanke und mit Hilfe der angebrachten Ketten zum Gipfelkreuz.

Aggenstein von Südwesten

6 Tannheimer Höhenweg

Vom Füssener Jöchl zur Pfrontner Hütte

Füssener Jöchl – Sefenspitz-Westschulter – Seebenalm – Pfrontner Hütte – Lumberg – Grän

Talort: Grän, 1138 m.
Ausgangspunkt: Füssener Jöchl, 1818 m, dorthin mit einem Sessellift. Die Talstation liegt im Osten etwas oberhalb von Grän.
Parkmöglichkeit: Großer Parkplatz bei der Talstation.
Gehzeiten: Bis zur Pfrontner Hütte

2 Std., Rückweg 1½ Std.
Anforderungen: Kleine, gut markierte und beliebte Bergwege.
Höchste Punkte: Sefenspitz-Westschulter, 1900 m, Pfrontner Hütte, 1792 m.
Einkehrmöglichkeit: Pfrontner Hütte.
Sehenswertes: Felsgipfel der Tannheimer Berge.

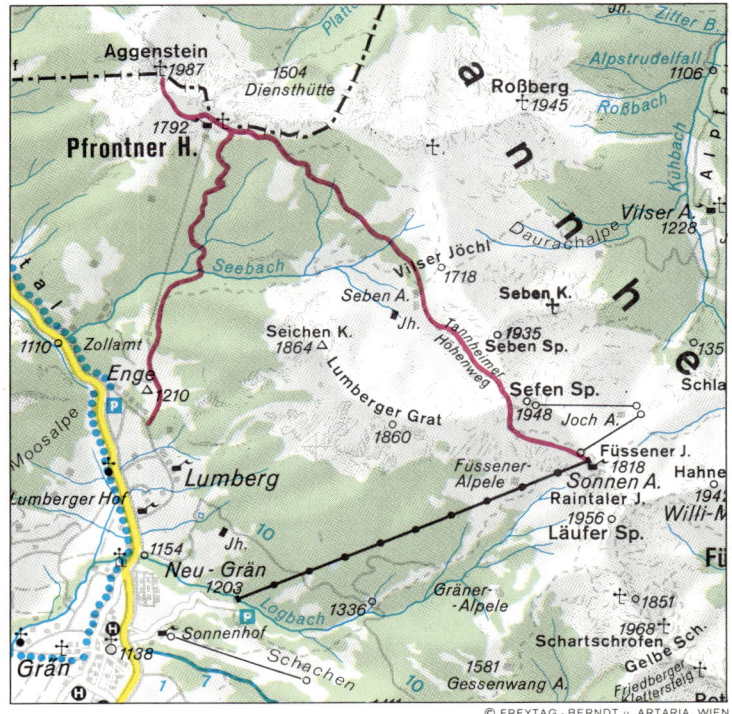

© FREYTAG · BERNDT u. ARTARIA, WIEN

30

Pfrontner Hütte

Diese abwechslungsreiche Höhenwanderung im nördlichen Teil der Tannheimer Berge findet viele Liebhaber. Man ist in Höhen zwischen 1600 und 1900 m unterwegs und hat dabei stets einen freien Blick nach Südwesten. Die erste Zwischenstation, die Westschulter der Sefenspitze, entpuppt sich als besonders schönes Aussichtseck. Gewaltig präsentieren sich von dort aus die Hauptgipfel der Tannheimer Berge, der Gimpel, die Köllenspitze, 2238 m, die Gehrenspitze. Nach der Schulter kommt man dann über malerische Böden mit Felsblöcken, kleinen Wiesenflecken und einem Mini-Karstbecken. Schließlich quert man – teilweise auch im Wald – zum Ziel der Tour, der Pfrontner Hütte, hinüber. Der Konditionsstarke wird nun von dort aus noch den Aggenstein besteigen.

Tannheimer Höhenweg: Vom Füssener Jöchl auf dem anfangs recht breiten Weg nach Norden, dann etwas nach links und auf die mit Latschen bewachsener Westschulter der Sefenspitze. Drüben abwärts, wobei sich der Weg stets an die Hänge auf der rechten Seite hält. An der Seebenalm vorbei zum tiefsten Punkt des Höhenwegs, 1620 m, und allmählich wieder aufwärts quer durch die Hänge zur Pfrontner Hütte in schönster Aussichtslage. Zum Aggenstein siehe Tour 5.

Abstieg und Rückweg: Auf dem Hüttenweg erst wieder ein Stück zurück, dann nach Süden rasch abwärts, quer über zwei Bacheinschnitte und zu den freien Wiesen in Talnähe. Nun am besten über Lumberg und Neugrän zurück zur Talstation.

7 Rundtour Vilser Alpe

Malerischer Talboden und Jochüberschreitung

Füssener Jöchl – Vilser Alpe – Daurachboden – Vilser Jöchl (evtl. Abstecher auf das Brentenjoch) – Seebenalm – Lumberg – Grän

Talort: Grän, 1138 m.
Ausgangspunkt: Füssener Jöchl, 1818 m. Dorthin mit einem langgestreckten Sessellift. Die Talstation liegt östlich etwas oberhalb von Grän, breite Zufahrtsstraße.
Parkmöglichkeit: Großer Platz an der Talstation.
Gehzeiten: Abstieg zur Vilser Alpe 1¼ Std., Aufstieg ins Vilser Jöchl

1¼ Std. (Abstecher auf das Brentenjoch 50 Min.), Rückweg nach Grän 1¼ Std. Gesamtgehzeit 3¾ Std.
Anforderungen: Bezeichnete, aber teilweise kleine Bergwege, keine Gefahrenstellen, bei Nässe schmierig.
Höchste Punkte: Füssener Jöchl, 1818 m, evtl. Brentenjoch, 2000 m.
Einkehrmöglichkeit: Berggasthaus Vilser Alpe, 1228 m.

Dies ist unsere „Tour verkehrt". Sie beginnt nämlich mit einem längeren Abstieg. Aber ein Besuch des schönen Vilser Talbodens mit dem schmucken Gasthaus und seiner eindrucksvollen Bergkulisse lohnt sich

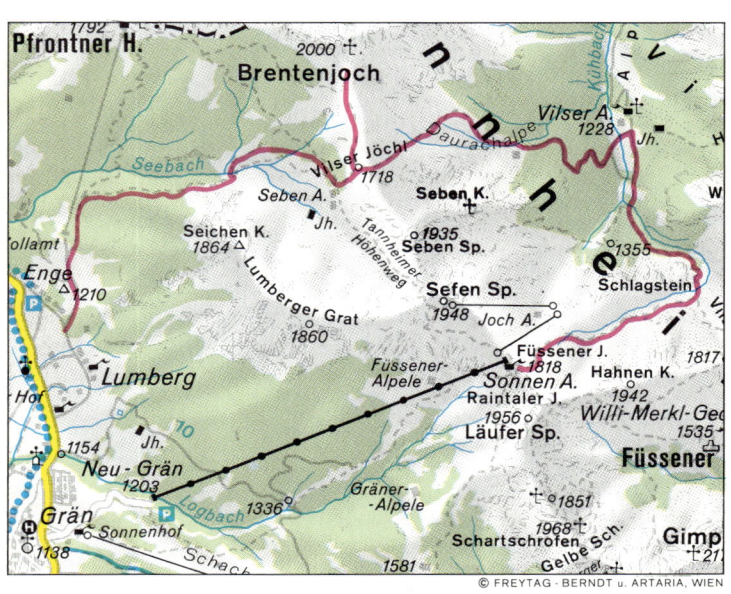

Blick von der Vilser Alpe auf Luskopf und Wildböden

immer! Beim Rückweg sollte man das Brentenjoch „mitnehmen", ein schöner, runder Kegel und eine feine Aussichtswarte für das Ostallgäu.

Zur Vilser Alpe: Von der Bergstation des Liftes über mäßig geneigte, wellige Weideböden hinab in ein Tälchen und neben dem scharf eingeschnittenen Bach weiter zu dem kleinen, ebenen Boden unter den Steilabstürzen der Schlicke. Zwischen Buschwerk und Bäumen auf einem recht steinigen Steig hinab in das weite Becken der Vilser Alpe mit schönem, grünem Boden und interessanter Gipfelkulisse, in der der überhängende Seebenkopf auffällt.

Rückweg über das Vilser Jöchl: Ein kurzes Stück vom Gasthaus über den Boden wieder nach Süden zurück, dann nach rechts abbiegen, über den Bach und über eine waldreiche Stufe auf einen Absatz. Hinein zu den Weideböden der Daurachalm, über die Hänge ein gutes Stück empor, dann hoch über dem scharfen Bacheinschnitt talein und ins Vilser Jöchl, 1718 m. Drüben hinab zur nahen Seebenalm. Auf dem unteren der drei Wege über Wiesenflecken, später im Hochwald abwärts zur Vereinigung mit dem Aggensteinweg. Auf ihm ins Tal und über Lumberg und Neugrän zurück nach Grän, bzw. zur Talstation des Liftes.

Abstecher zum Brentenjoch: Vom Vilser Jöchl kann man stets dem von Gras überzogenen und von Latschen eingerahmten Gratrücken nach Norden bis zum Gipfel folgen. Einfach.

8 Große Schlicke, 2059 m

Ein Abstecher in die östlichen Tannheimer

Füssener Jöchl – Raintalerjoch – Vilser Scharte – Südwestflanke – Schlicke

Talort: Grän, 1138 m.
Ausgangspunkt: Füssener Jöchl, 1818 m. Dorthin mit einem langgestreckten Sessellift. Die Talstation liegt östlich etwas oberhalb von Grän, breite Zufahrtsstraße.
Parkmöglichkeit: Großer Platz an der Talstation.
Gehzeiten: 1½ Std., Rückweg gut 1 Std., Nordroute etwa 45 Min. weiter.
Anforderungen: Alpine Steige ohne Pro-

bleme, auf der Nordroute jedoch unter der Vilser Scharte eine Steilstufe mit Drahtseil.
Höchster Punkt: Große Schlicke, 2059 m.
Einkehrmöglichkeit: Nur Jausenstation im Füssener Jöchl an der Bergstation des Liftes.
Sehenswertes: Faszinierender Blick in die Nordwände der Tannheimer Hauptgipfel gleich vis-à-vis des Raintals.

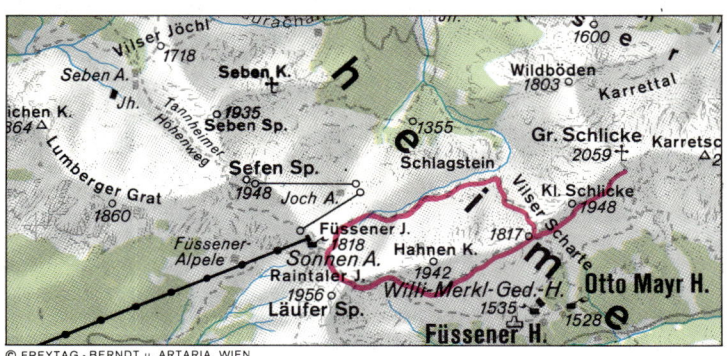

© FREYTAG - BERNDT u. ARTARIA, WIEN

Die Schlicke ist ein mächtiger, von Norden gesehen auffallend runder Gipfel in einem weit nach Osten ziehenden Nebenkamm der Tannheimer Berge. Auf der einen Seite stürzen hohe Schrofenwände ab, von Süden hingegen ziehen begrünte, allerdings steile Hänge bis zum Gipfelkreuz hinauf, die zudem von einem Steig „gebändigt" sind. Ihren besonderen Akzent erhält die Schlicke-Tour durch den Blick auf die wilden, bis zu 700 m hohen Wände der großen Tannheimer Berge wie Gimpel und Köllenspitze, 2238 m. Neben dem üblichen Weg gibt es noch eine – deutlich weitere – Nordroute, die mehr Spannung bietet. Den Höhepunkt bildet dabei das Erreichen der wie ein Tor eingeschnittenen Vilser Scharte.

Große Schlicke von Westen

Die kürzeste Route: Vom Füssener Jöchl hinüber zum nahen Raintalerjoch, wo sich plötzlich ein faszinierender Blick auf die wilde und hohe Nord-
wand des Gimpels, 2173 m, öffnet. Vom Joch nach Osten zu einer Wegverzweigung. Auf dem oberen Steig weiter und quer durch die teilweise mit
Latschen bestandenen Südhänge des Hahnenkopfes in die Vilser Scharte,
1817 m. Weiterhin diesseits des Grates bleibend, jetzt jedoch mit kräftiger
Steigung, durch die Flanke empor bis unter den Gipfel, zu dem ein letzter
Steilhang hinaufzieht.
Die Nordroute: Vom Füssener Jöchl über die Weidehänge und durch ein
Tälchen hinab in einen netten, aber etwas sumpfigen Boden, 1550 m, Weg-
verzweigung. In Kehren über den Gras-, Latschen- und Geröllhang nach
Süden bis unter die zerborstenen Felswände der Kleinen Schlicke empor.
Weiterweg durch einen schmalen Einschnitt mit einer schrofigen Steilstufe
und einer Leiter, schließlich über schöne Graspolster in die Vilser Scharte.
Weiter wie oben.

9 Zweimal Otto-Mayr-Hütte

Kleine und große Rundtour im Herzen der Tannheimer Berge

Füssener Jöchl – Raintalerjoch – Otto-Mayr-Hütte – Hallergernjoch (evtl. Schartschrofen) – Füssener Jöchl; oder ab Hütte Weiterweg über Nesselwängler Scharte – Gimpelhaus nach Nesselwängle

Talort: Grän, 1138 m.
Ausgangspunkt: Füssener Jöchl, 1818 m, dorthin mit dem Sessellift. Die Talstation liegt im Osten etwas oberhalb von Grän.
Parkmöglichkeit: Großer Parkplatz bei der Talstation.
Gehzeiten: Übergang zur Otto-Mayr-Hütte 45 Min., Rückweg über Hallergernjoch 1¼ Std.; Aufstieg Hütte – Nesselwängler Scharte 2 Std., Abstieg nach Süden 1½ Std.
Anforderungen: Kleine Rundtour auf einfachen Bergwegen; im Bereich der

Nesselwängler Scharte steile Passagen, dort Trittsicherheit notwendig, Drahtseil.
Höchste Punkte: Raintalerjoch, 1846 m, Hallergernjoch, 1851 m, evtl. Schartschrofen, 1968 m; oder Nesselwängler Scharte, 2007 m.
Einkehrmöglichkeiten: Otto-Mayr-Hütte des Alpenvereins und Gimpelhaus (privat).
Sehenswertes: Eindrucksvolle Felsszenerien neben dem Weg wie die Schartschrofen-Westwand und das Felslabyrinth der Nesselwängler Scharte.

© FREYTAG · BERNDT u. ARTARIA, WIEN

Bei diesen beiden Touren wird man mit großartigen Ausblicken geradezu verwöhnt. So kommt man der 500 m hohen Gimpel-Nordwand ganz nahe, während man bei der Überschreitung der Nesselwängler Scharte sozusagen selbst mitten in der Felsszenerie steckt.

Gehrenspitze von Nordwesten

Kleinere Rundtour: Vom Füssener Jöchl hinüber ins nahe Raintalerjoch und Abstieg schräg durch die Hänge zur Otto-Mayr-Hütte. Kurz auf derselben Route zurück, dann auf dem unteren Weg nach Westen in den hinteren Talboden und Aufstieg ins Hallergernjoch. Abstecher zum Schartschrofen, 1968 m, 20 Min., auf kleinem Steig ohne Probleme. Dann vom Joch nach Nordwesten etwas abwärts, anschließend Querung und kurzer Gegenanstieg unter der Läuferspitze zurück ins Füssener Jöchl.

Große Rundtour: Von der Otto-Mayr-Hütte auf dem Fußweg ein gutes Stück hinab ins Bachtal. Gleich gegenüber Anstieg über teilweise sehr steiles Gelände neben den wildzerklüfteten Felsen der Köllenspitze bis in die Nesselwängler Scharte mit ihrer Zyklopenlandschaft. Drüben durch eine Schuttgasse zur nahen Wegverzweigung. Rechts über steiles Grasgelände mit vielen Gemsen zum Gimpelhaus und Abstieg nach Nesselwängle. Rückfahrt nach Grän mit dem Bus.

10 Läuferspitze und Schartschrofen, 1968 m

Thema mit Variationen

Füssener Jöchl – Läuferspitze – Hallerschrofen – Hallergernjoch – Schartschrofen – Rückweg zum Füssener Jöchl oder Abstieg über Adlerhorst

Talort: Grän, 1138 m.
Ausgangspunkt: Füssener Jöchl, 1818 m. Dorthin mit einem langgestreckten Sessellift. Die Talstation liegt östlich etwas oberhalb von Grän, breite Zufahrtsstraße.
Parkmöglichkeit: Großer Platz an der Talstation.
Gehzeiten: Lift – Läuferspitze 30 Min., Übergang zum Schartschrofen 45 Min., Rückweg zum Lift 45 Min., Abstieg zum

Haldensee 1¼ Std.
Anforderungen: Läuferspitze kurze Felsstellen mit Drahtseil, Schartschrofen-Nordseite einfach.
Höchste Punkte: Läuferspitze, 1956 m, Schartschrofen, 1968 m.
Einkehrmöglichkeiten: Jausenstation am Füssener Jöchl, Berggasthaus Adlerhorst.
Sehenswertes: Tiefblick auf den Haldensee.

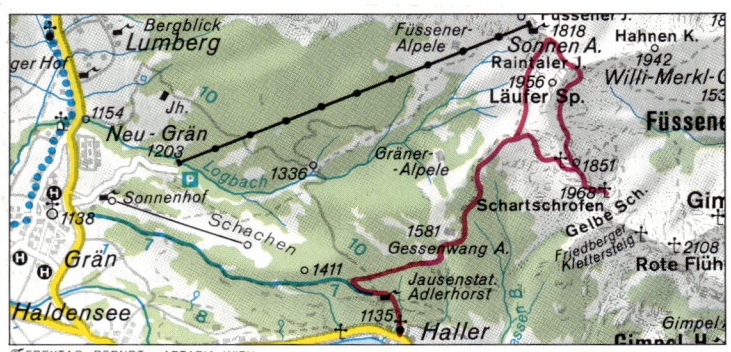

© FREYTAG-BERNDT u. ARTARIA, WIEN

Bevor der Kamm südlich des Füssener Jöchls hinaufzieht zu den Tannheimer Hauptgipfeln, wirft er zwei markante Berge mittlerer Größe auf. Die beiden lassen sich zu einer netten, spritzigen Tour verbinden. Und besonders vom Schartschrofen aus begeistert der Blick: Ganz nahe sind die hohen Wände des Gimpels, 2173 m, und zu Füßen liegt der Haldensee.
Die Läuferspitze: Von der Bergstation des Liftes nach Süden zur nahen Wegverzweigung. Rechts in der steilen Flanke auf einem etwas steinig-rutschigen Steig zum Grat und über eine kurze Felsstufe zum Gipfelkreuz.
Der Schartschrofen: Entweder vom Ostgrat der Läuferspitze durch ein kleines Blockkar und eine Latschenrinne in die Scharte südlich des Gipfels.

Läuferspitze von Süden

Oder hierher bequemer vom Füssener Jöchl über das Raintalerjoch. Knapp unter dem Gipfel des Hallerschrofens hindurch ins Hallergernjoch. Etwas steiler auf eine Art Hochfläche, an deren Südende dann der Gipfel liegt. Abstiegsmöglichkeiten: vom Hallergernjoch nach Nordwesten hinab auf einen Rücken im Gelände. Wegverzweigung. Entweder unter der Läuferspitze hindurch mit kurzem Gegenanstieg ins Füssener Jöchl zurück. Oder nach Südwesten über teilweise feuchte Wiesen zur Gessenwangalpe. Dann meist im Wald zum Ghs. Adlerhorst und hinab nach Haller am Haldensee. Man kann auch schon vor dem Adlerhorst rechts abbiegen, um Grän zu erreichen.

11 Rote Flüh – Klettersteige

Spannende Routen für Könner

Füssener Jöchl – Raintalerjoch – Hallergernjoch – Gelbe Scharte (evt. Schartschrofen-Klettersteig) – Nordwestgrat – Rote Flüh

Talort: Grän, 1138 m.
Ausgangspunkt: Füssener Jöchl, 1818 m dorthin mit dem Sessellift. Die Talstation liegt im Osten etwas oberhalb von Grän.
Parkmöglichkeit: Großer Parkplatz bei der Talstation.
Gehzeiten: Füssener Jöchl – Rote Flüh gut 2 Std., bei der Überschreitung des Schartschrofens darf mit 45 Min. mehr gerechnet werden.

Anforderungen: Zwischen Gelber Scharte und Roter Flüh steiles, felsiges Gelände mit Sicherungen an den notwendigen Stellen, dafür ist alpine Erfahrung notwendig; am Schartschrofen Klettersteig in ausgesetztem Steilfels, nur für Könner geeignet.
Höchste Punkte: Rote Flüh, 2108 m, evtl. Schartschrofen, 1968 m.
Einkehrmöglichkeit: Beim Abstieg im Gimpelhaus.

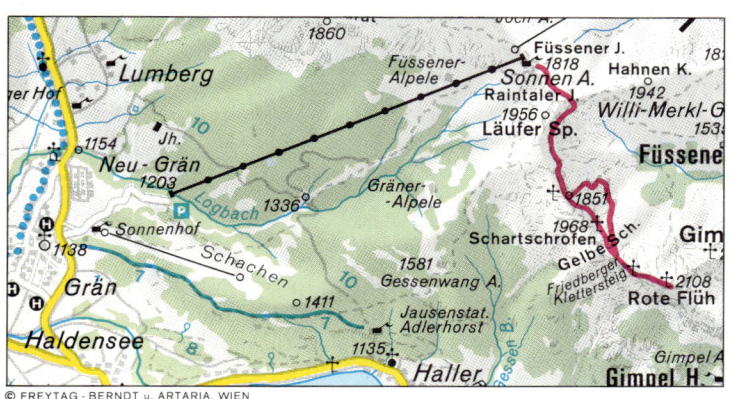

© FREYTAG - BERNDT u. ARTARIA, WIEN

Die Überschreitung der Roten Flüh – neben der Köllenspitze die spannendste Tour im Bereich des Tannheimer Tals – erfordert einen erfahrenen Bergsteiger. Der Weg führt immer wieder durch richtiges Felsgelände, das an den wichtigen Stellen jedoch gut gesichert ist. Und zum wirklich Anspruchsvollen zählt der Schartschrofen-Klettersteig. Der Blick auf die hohen Wände des Klettergipfels Gimpel, 2173 m, ist der ständige Begleiter bei dieser Tour.
Rote Flüh – Nordanstieg: Vom Füssener Jöchl hinüber zum Raintalerjoch und unter der Läuferspitze hindurch zum Grat. Meist zwischen Latschen ins Hallergernjoch. Von dort nach Osten ein gutes Stück hinab, bis man un-

ter den wilden Ostwänden des Schartschrofens hindurchqueren kann. Steil in brüchigem Gelände in die Gelbe Scharte. Im splittrigen Fels über eine erste Stufe, dann rechts um den Gilmenkopf herum und auf dem Rücken weiter empor. Dann mehr in der rechten Flanke mit ein paar kurzen Kletterstellen (Sicherungen) auf den Gipfel. Abstieg über Judenscharte und Gimpelhaus nach Nesselwängle siehe Tour 12.

Schartschrofen-Klettersteig: Vom Hallergernjoch bequem auf den Schartschrofen. Drüben in sehr steilem, ausgesetztem Fels auf dem anspruchsvollen Friedberger Klettersteig in die Gelbe Scharte hinab.

Beim Aufstieg zur Roten Flüh: Blick auf den Gimpel-Westgrat

12 Rote Flüh über die Judenscharte

Beliebte Bergtour hoch über dem Haldensee

Nesselwängle – Oberwald – Gimpelhaus – Judenscharte – Rote Flüh

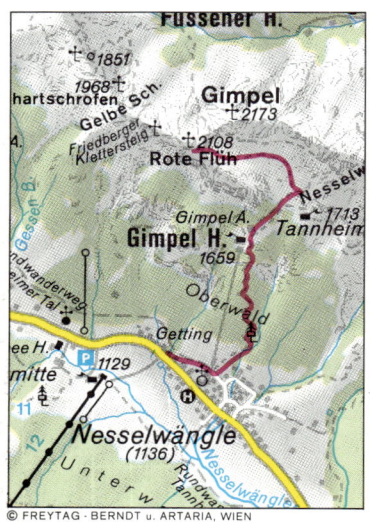

© FREYTAG · BERNDT u. ARTARIA, WIEN

Talort: Nesselwängle, 1136 m.
Ausgangspunkt: Parkplatz des Neuschwand-Schlepplifts am westlichen Ortseingang gleich oberhalb der Durchgangsstraße.
Parkmöglichkeit: Siehe Ausgangspunkt.
Gehzeiten: Nesselwängle – Gimpelhaus 1½ Std., Weiterweg zum Gipfel 1½ Std.
Anforderungen: Breite Wanderwege, bei Nässe rutschig, an der Judenscharte und am Gipfel Steilgelände, Drahtseile, dort Trittsicherheit empfehlenswert.
Höchster Punkt: Rote Flüh, 2108 m.
Einkehrmöglichkeit: Gimpelhaus, private Hütte, 1659 m.
Sehenswertes: Bei den Kletterern beliebte Felswände an Roter Flüh, Hochwiesler und Gimpel.

Die rote Flüh ist zwar der „kleinste der großen Tannheimer Gipfel", und doch lockt sie die meisten Gipfelstürmer an. Es gibt nämlich gleich zwei Aufstiegsrouten (siehe auch Tour 11), interessante, spannende, spritzige Touren. Außerdem setzt sie sich besser in Szene als alle anderen Gipfel, springt mit einer schönen, glatten Wand über zerborstenen, auffallend roten Abbrüchen gegen den Haldensee vor und beherrscht damit das Tal zwischen Nesselwängle und Tannheim. Auf halbem Weg thront auf einem Vorsprung in den Steilhängen das Gimpelhaus, ein einzigartiger Lug-ins-Land 500 m fast senkrecht über den Häusern im Tal. Und ein besonderer „Service" bei dieser Tour: Man kann den Kletterern am Gimpel-Westgrat, wo vor allem am Wochenende lebhafter Andrang herrscht, aus nächster Nähe zuschauen.
Die Route: Vom Parkplatz kurz empor auf einen querlaufenden Wanderweg. Auf ihm ein gutes Stück nach rechts bis oberhalb der Häuser. Verzweigung. Nach Norden in Kehren meist durch Wald in dem teilweise recht steilen Glände weit empor zum Gimpelhaus, 1659 m. Hinter der Hütte auf

42

dem oberen der beiden Steige schräg durch die Hänge in eine Hochmulde. Bei der Verzweigung links und unter den Wänden des Gimpels – teilweise auf Geröll – in die schmale Kerbe der Judenscharte. Links neben der Kante über ein paar kleine Felsstufen (Drahtseil) und durch begrünte Gassen zum Gipfelkreuz auf der Roten Flüh.

Rote Flüh, Gimpel und Gimpelhaus

13 Haldensee und Adlerhorst

Gemütlicher Ausflug im Talbereich

Grän – Adlerhorst – Haller – Haldensee-Uferweg – Grän

Talort: Grän, 1138 m.
Ausgangspunkt: Großer Parkplatz im Osten des Ortes jenseits der Umgehungsstraße beim Hotel Sonnenhof.
Parkmöglichkeit: Siehe Ausgangspunkt.
Gehzeiten: Grän – Adlerhorst gut 1 Std., Rückweg rund um den Haldensee 1¾ Std.

Anforderungen: Bis zum Adlerhorst kleine Steige mit einigem Aufstieg, rund um den Haldensee bequeme Wanderwege.
Höchster Punkt: Waldkuppe beim Adlerhorst, 1400 m.
Einkehrmöglichkeiten: Ghs. Adlerhorst, weitere Gasthäuser in Haller, Haldensee und Grän.
Sehenswertes: Tiefblick vom Adlerhorst auf Haldensee und Nesselwängle.

Haldensee

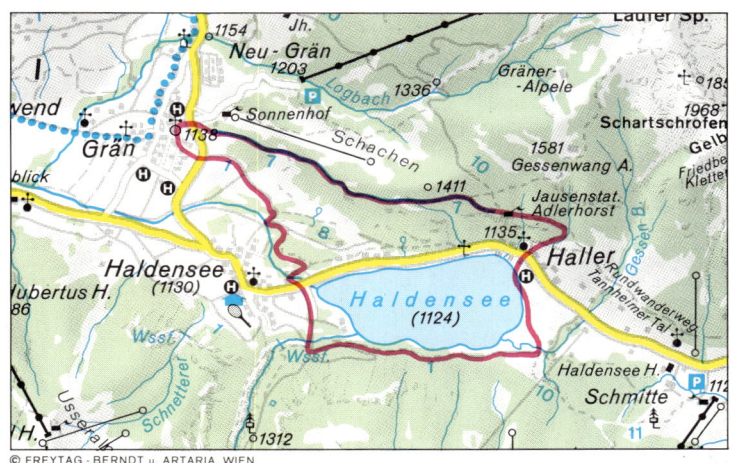

Adlerhorst – der Name trifft recht gut die Lage der Ausflugsgaststätte über dem Haldensee. Sie liegt 130 m oberhalb der Wasserfläche mitten in den sehr steilen Waldhängen. Natürlich ist der Blick auf die Berge gegenüber, vor allem auf die Krinnenspitze, völlig frei. Schade, daß man eine Straße dorthin neu erbaut hat, die etwas „gewaltsam" in die Hänge geschnitten wurde. Die zweite Hälfte unserer Wanderung führt um den Haldensee, der das Tal hier in voller Breite ausfüllt. Trotz seiner Höhenlage von immerhin 1124 m eignet sich der See in warmen Zeiten auch zum Baden, da das Wasser nicht allzu tief ist und es nur wenige kalte Zuflüsse gibt. Und noch ein Detail, das vielen nicht bewußt wird: das ebene Gelände bei Schmitte, 1150 m, ist die Wasserscheide zwischen Vils und Lech.

Hinweg: Vom Parkplatz nach Süden auf den nahen Rücken und am Waldrand entlang aufwärts – sehr schöner Blick Richtung Tannheim, Gaishorn usw. Auf dem Rücken weiter empor teilweise zwischen Bäumen, aber auch immer wieder über freie Lichtungen zu jenem Waldkopf, der mit seinen Steilhängen das Haldensee-Nordufer bildet. Am höchsten Punkt (1411 m) südlich vorbei zu einer Wegverzweigung. Rechts nach kurzem Abstieg zum Gasthaus Adlerhorst, 1256 m. Auf Fahr- und Fußwegen hinab nach Haller.

Rückweg: Auf dem Uferweg in bequemer Wanderung im Osten und Süden um den Haldensee. Bei einer Brücke nach rechts und am Strandbad vorbei zum Nordwestzipfel des Sees. Gleich gegenüber an einem Kopf kurz empor, drüben wieder hinab und auf breitem Wiesenweg in den Ort Grän.

14 Nesselwängler Scharte, 2007 m

Interessante Zyklopenlandschaft und Tannheimer Hauptgipfel

**Nesselwängle – Oberwald – Gimpelhaus – Nesselwängler Scharte –
evtl. (Kelle-)Köllenspitze; Abstiegsmöglichkeit auf der Südostroute**

Talort: Nesselwängle, 1136 m.
Ausgangspunkt: Parkplatz des Neu-schwand-Schlepplifts am westlichen Ortseingang gleich oberhalb der Durchgangsstraße.
Parkmöglichkeiten: Siehe Ausgangspunkt
Gehzeiten: Nesselwängle – Gimpelhaus 1¹⁄₂ Std., Weiterweg zur Scharte 1¹⁄₄ Std., von dort auf die Köllenspitze 1 Std.

Anforderungen: Zum Gimpelhaus breite, zur Scharte kleine Bergwege; Aufstieg zur Köllenspitze im Felsgelände, Kletterei im Schwierigkeitsgrad I, etwas ausgesetzt, alpine Erfahrung notwendig.
Höchste Punkte: Nesselwängler Scharte, 2007 m, Köllenspitze (auch Kelle Spitze), 2238 m.
Einkehrmöglichkeit: Gimpelhaus.
Sehenswertes: Gewaltige Felsblöcke im Bereich der Scharte.

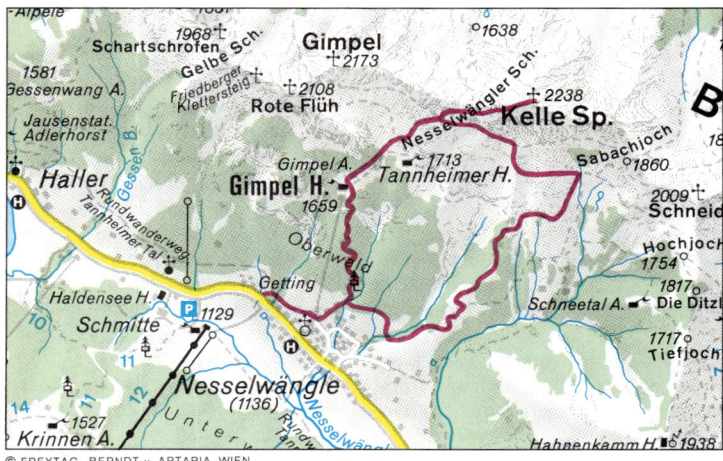

© FREYTAG · BERNDT u. ARTARIA, WIEN

Gemsen, eine üppige Flora und ein wirklich malerisches Labyrinth aus gewaltigen Blöcken und kleinen Felstürmen heißen die besonderen Merkmale bei einer Tour zur Nesselwängler Scharte. Viele steigen von dort weiter empor zur Köllenspitze, dem höchsten Gipfel der Tannheimer Berge, einem zerklüfteten Felsmassiv. Doch Vorsicht: In diesem Schrofengelände fühlt sich nur der alpin Erfahrene sicher!

Köllenspitze (Kellespitze) von Nordwesten, rechts die Nesselwängler Scharte

Zur Nesselwängler Scharte: Wie bei Tour 12 beschrieben vom Parkplatz zum Gimpelhaus und weiter zur Wegverzweigung in der Hochmulde. Hier nun rechts und über steile Grashänge an den Fuß der Felsen hinauf. Der Weg führt an ihnen entlang, bis sich links unerwartet eine Geröllgasse öffnet, die zwischen Felsblöcken zur weiten, begrünten Scharte führt.

Die Köllenspitze (2238 m): Gleich in der Scharte beginnen die deutlichen Wegspuren. Erst über Gras knapp links neben dem Grat aufwärts, dann in der Nordflanke durch Rinnen und über Schrofen (kurzer Abstieg) in eine tiefe Schlucht. In ihrem Grund empor, mit Hilfe eines Drahtseils über einen glatten Aufschwung (schwierigste Stelle), weiter durch die Schlucht zu einer Lücke und zum Gipfel.

Abstiegsmöglichkeit: Von der Scharte unter den Köllenspitz-Südwänden entlang, dann rechts auf einer Grasrippe hinab in die Mulde unter dem Sabachjoch. Man verläßt sie nach rechts und steigt nach einer Hangquerung über einen Rücken – bei Nässe unangenehm schwierig – direkt nach Nesselwängle ab.

15 Gaichtspitze, 1986 m

Der Vorposten über dem mittleren Lechtal

Gaichtpaßstraße – Südwesthänge – Gaichtspitze; evtl. Rundtour über Hahnenkamm

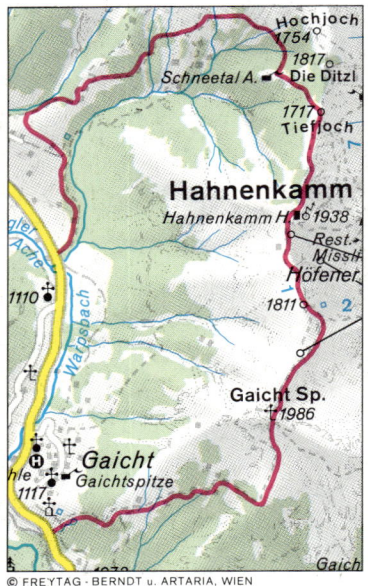

© FREYTAG · BERNDT u. ARTARIA, WIEN

Talort: Nesselwängle, 1136 m.
Ausgangspunkt: Von Nesselwängle gut 2 km Richtung Lechtal zum Haus „Bergklause" und von dort noch 0,7 km weiter zu einem kleinen Parkplatz an einer vorspringenden Ecke, 1090 m.
Parkmöglichkeiten: Siehe Ausgangspunkt.
Gehzeiten: Aufstieg 2½ Std., evtl. Übergang zum Hahnenkamm 50 Min.
Anforderungen: Kleine, stille Bergwege ohne Probleme.
Höchste Punkte: Gaichtspitze, 1986 m, evtl. Hahnenkamm, 1938 m.
Einkehrmöglichkeiten: Nur im Tal.

Als schöne Felspyramide füllt die Gaichtspitze den Talhintergrund, wenn man von Westen über den Haldensee schaut. Von der Gaichtpaßstraße führt ein kleines Steigerl zum Gipfel, der eine stille, besinnliche Tour mit freiem Blick nach Süden und Westen bietet. Um so auffallender wirken dann die vielen Besucher oben beim Kreuz, die von Norden, von der Reuttener Bergbahn, heraufkommen. Auch wir können anschließend dieses Gebiet besuchen, den Hahnenkamm überschreiten, um dann nach Nesselwängle absteigen.

Zur Gaichtspitze: Vom kleinen Parkplatz auf der Straße 100 m nach Osten, wo im Winkel bei einem Bacheinschnitt der Aufstiegsweg beginnt. Auf dem bescheidenen Steig über eine Stufe und eine feuchte Wiese mit reichem Blumenschmuck zu einem Rücken oberhalb von Gaicht. Auf dem nun besseren Weg durch Wald und über freie Flächen weit empor auf die erstaunlich sanfte Südabdachung des Berges. Bequem über Gras und zwischen Latschen zum Gipfel.

Gaichtspitze aus dem Tannheimer Tal

Möglichkeit einer Rundtour: Nach Nordosten über eine leicht felsdurch-setzte Steilstufe mit Hilfe eines Drahtseils hinab und längs des nun harmlo-sen Grates nach Norden auf den Hahnenkamm, 1938 m, mit seinem Sen-der. 200 m tiefer die Bergstation der Bahn, 1733 m, Gasthaus. Weiter über den Kamm ins Tiefjoch, 1717 m. Jetzt links durch die Hänge zur Schneetal-alm und in einem weiten Bogen um das Tal des Warpsbaches nach Nessel-wängle.

16 Krinnenspitze, 2000 m

Hoch über dem Lechtal

Nesselwängle – Gamsbocksteig – Krinnenspitze – Nesselwängler Ödenalm – Alpenrosenweg – Krinnenalm – Nesselwängle; oder Abstieg über Enziansteig – Rauth – Nesselwängle

Talort: Nesselwängle, 1136 m.
Ausgangspunkt: Bei den letzten Häusern im Westen von Nesselwängle zweigt nach Süden die kurze Stichstraße zum Krinnenlift ab.
Parkmöglichkeit: Großer Parkplatz an der Talstation des Liftes.
Gehzeiten: Aufstieg 1¼ Std., Abstieg über Ödenalm 1 Std., über Rauth 2 Std.

Anforderungen: Am Ostgrat einige Schrofen mit Sicherungen (Ketten); einfacher sind die von Gras überzogenen Südwesthänge.
Höchster Punkt: Krinnenspitze, 2000 m.
Einkehrmöglichkeiten: Jausenstationen auf der Nesselwängler Ödenalm (Edenalm) und der Krinnenalm, Gasthaus in Rauth.

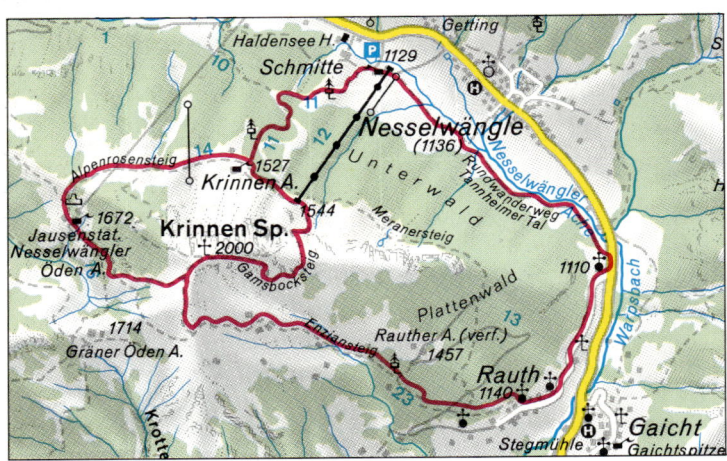

© FREYTAG - BERNDT u. ARTARIA, WIEN

Die Krinnenspitze ragt als breite, etwas unauffällige Schrofenmauer über Nesselwängle auf, während sie im Südosten ganz von steilen Grashängen überzogen ist. Der Name kommt von Rinnen, Gerinne. Der Lift verkürzt den Aufstieg auf eine gute Gehstunde, deshalb bietet sich eine Kombination mit dem benachbarten Litnisschrofen, siehe Tour 17, an.

Die kleine Rundtour: Mit dem Doppelsessellift zur Bergstation in 1544 m Höhe. Über den planierten Boden kurz nach Osten zur Wegverzweigung.

Bei der Krinnenalm: die Krinnenspitze-Nordflanke

Jetzt in Kehren auf dem Gamsbocksteig durch eine Latschen- und Grasmulde empor zum Kamm mit schönem Blick nach Süden. Über die Grashänge zum obersten Ostgrat und auf der nun schmäleren Schneide (Sicherungen) zum Gipfelkreuz. Erst nach Südwesten über sanfte Grashänge,
dann in steilerem Gelände nach Nordwesten hinab zur Nesselwängler
Ödenalm (Edenalm, 1672 m, beliebte Jausenstation). Nach Norden auf eine Schulter im Gelände, dann Abstieg zur ebenfalls bewirtschafteten Krinnenalm und zum Lift.
Die große Rundtour: Wie beschrieben über den Gamsbocksteig zum Gipfel. Dann auf dem nach Süden führenden Grasgrat zu einer deutlichen
Gratschulter (undeutlicher Steig). Jetzt nach links in die Hänge und auf
dem Enziansteig weit hinab. Schließlich durch Wald nach Rauth. Auf dem
Sträßchen in den Talboden mit der großen Autostraße. Kurz danach Abzweigung eines Fußweges und am Bach entlang zurück zur Talstation des
Liftes.

17 Litnisschrofen, 2068 m

Große Schrofenmauer bei Haldensee

Nesselwängle – Krinnenalm – Nesselwängler und Gräner Ödenalm – Südosthänge – Litnisschrofen; Abstieg evtl. durch das Strindental

Talort: Nesselwängle, 1136 m.
Ausgangspunkt: Bei den letzten Häusern im Westen von Nesselwängle zweigt nach Süden die kurze Stichstraße zum Krinnenlift ab.
Parkmöglichkeit: Großer Parkplatz an der Talstation des Liftes.
Gehzeiten: Vom Lift zum Gipfel 2 Std., Abstieg nach Haldensee 1½ Std.

Anforderungen: Gute Bergwege, am Gipfel jedoch eine steile, sehr brüchige Felsrinne, für die Trittsicherheit notwendig ist.
Höchster Punkt: Litnisschrofen, 2068 m.
Einkehrmöglichkeit: Jausenstationen auf der Krinnen- und Nesselwängler Ödenalm.

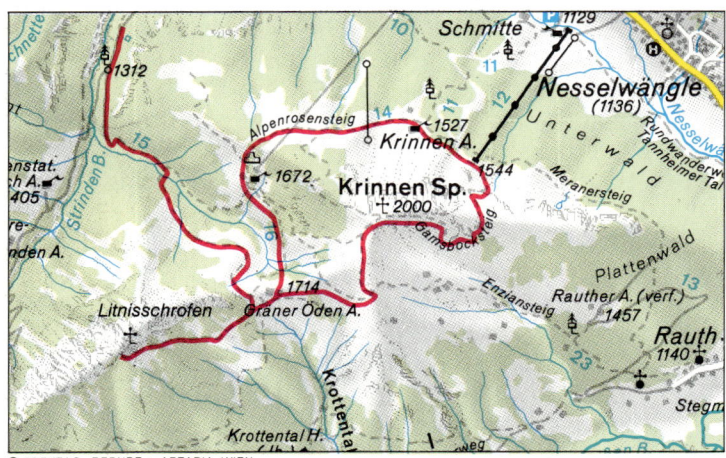

© FREYTAG - BERNDT u. ARTARIA, WIEN

Mit seiner breiten, stark gegliederten Nordwand, die man von Haldensee aus durchs Strindental sieht, gehört der Litnisschrofen zu den schönen und markanten Bergen südlich des Tannheimer Tales. Die viel harmlosere Südseite nützend führt ein lohnender, kurzer Steig auf den Gipfel.

Aufstieg: Mit dem Doppelsessellift zur Bergstation in 1544 m Höhe. Nach rechts zur nahen Krinnenalm und weiter nach Westen zu einer Geländeschulter, hinter der man auf die bewirtschaftete Nesselwängler Ödenalm

(1672 m, auch Edenalm) trifft. Auf dem unteren Steig etwa eben quer durch die Hänge, dann über eine Stufe zum Sattel bei der Gräner Ödenalm. (Hierher auch – interessanter – durch eine Überschreitung der Krinnenspitze; siehe Tour 16.) Auf Gras und zwischen Latschen über die Hänge aufwärts, etwas nach links und bis unter die Felsen empor. Durch eine Rinne mit ganz zerfallenem Gestein (Ketten) in eine Gratlücke und nach rechts zu Kreuz.

Abstiegsmöglichkeit: Von der Nesselwängler Ödenalm auf einem Fußweg, später auf einer Forststraße ins Strindental und über eine Steilstufe hinab zum Haldensee. Nun entweder zu Fuß am Südufer entlang in 40 Min. zurück zum Lift oder vom Ort Haldensee mit dem Bus nach Nesselwängle.

Litnisschrofen und Leilachspitze (hinten), von Norden gesehen

18 Sulzspitze, 2084 m
Der „schnelle" Gipfel bei Tannheim

Neunerköpfl – Vogelhörndl – Strindenscharte – Gappenfeldscharte – Gappenfeldalpe – Vilstal – Schmieden – Tannheim

© FREYTAG · BERNDT u. ARTARIA, WIEN

Talort: Tannheim, 1097 m.
Ausgangspunkt: Talstation der Tannheimer Sesselbahn im Osten des Ortes an der Umgehungsstraße.
Parkmöglichkeit: Großer Parkplatz bei der Talstation.
Gehzeiten: Bergstation – Sulzspitze 1¹/₂ Std., Abstieg und Rückweg nach Tannheim etwa 2 Std.
Anforderungen: Bergwege, bei Nässe rutschig.
Höchster Punkt: Sulzspitze, 2084 m.
Einkehrmöglichkeit: Jausenstation Gappenfeldalpe.

Dank der Lifthilfe wird die Sulzspitze zu einem „Berg für alle Fälle". Man kann sie zum Beispiel immer noch besteigen, wenn plötzlich das Wetter schöner wird, und sie eignet sich als Familientour ebenso wie als Erkundungsfahrt, um einen ersten Überblick über die Vilsalpseeberge zu gewinnen. Die große Höhe und isolierte Lage stempeln sie nämlich zu einem idealen Aussichtsberg.

Aufstieg über das Neunerköpfl: Von der Bergstation der Lifte in 1780 m Höhe über eine kleine, steile Stufe auf das Neunerköpfl, 1830 m. Dann rechts am Vogelhörndl, 1882 m, das man in wenigen Minuten „mitnehmen" kann, vorbei auf den breiten Gratrücken und hinab in den folgenden Sattel. Hier verläßt der Steig den Grat und quert fortan die Hänge auf der linken, östlichen Seite. Nach kurzem Anstieg in die Strindenscharte. Auf dem Fahrweg noch 10 Min. quer durch die steilen Hänge, dann rechts ab und

54

Am Neunerköpfl; hinten die Sulzspitze

auf einem Fußweg schräg empor zur Geländekante. Hinter dieser über grüne Hänge und Mulden auf den Gipfel.

Gappenfeld-Abstieg: Auf der gleichen Route zurück bis zum Fahrweg. Jetzt rechts zur nahen Gappenfeldscharte und nach Norden zur gleichnamigen, einfach bewirtschafteten Alphütte. Erst über Weideflächen, dann zwischen Buschwerk über einige Tobelgräben ins untere Gappenfeldtal und hinaus zur Straße Tannheim – Vilsalpsee. Auf ihr nach Norden, bis sie die Vils überquert. Hier auf der rechten Seite bleibend über Schmieden zurück zum Ausgangspunkt.

19 Leilachspitze, 2274 m

Der höchste Berg im Bereich des Tannheimer Tals

Vilsalpsee – Traualpsee – Östliche Lachenscharte – Lechtaler Scharte – Luchskopf-Schulter – Leilachspitze

Talort: Tannheim, 1097 m.
Ausgangspunkt: Vilsalpsee, 1168 m, 4 km von Tannheim; bis 10 Uhr ist die Zufahrt mit dem Pkw möglich, dann nur mehr mit dem Bus von Tannheim aus.
Gehzeiten: Vilsalpsee – Lachenscharte knapp 2 Std., Weiterweg zur Leilachspit-

ze 1³/₄ Std.
Anforderungen: Kleiner, anspruchsvoller Steig, teilweise über Geröll und sehr bröselige Schrofen, Trittsicherheit unbedingt notwendig.
Höchster Punkt: Leilachspitze, 2274 m.
Einkehrmöglichkeit: Landsberger Hütte.

© FREYTAG - BERNDT u. ARTARIA, WIEN

Die Leilachspitze präsentiert sich als gewaltiges, ungewöhnlich zerklüftetes Felsmassiv, dem die bizarren Luchsköpfe vorgelagert sind. Die Bestei-

Luchsköpfe gegen die Tannheimer Berge mit dem Gimpel

gung wird zur richtigen Bergtour, denn trotz des Steiges mit dem hoffnungsvollen Namen „Dillinger Weg" erfordert das sehr brüchige Schrofengelände einen sicheren Geher. Großartiger Blick ins Lechtal und auf seine Berge!

Die Route: Wie bei Tour 20 beschrieben vom Vilsalpsee zur Landsberger Hütte. Kurz auf die Felswände zu, dann mehr nach links und über der Lache vorbei bis unter den Grat. Bei der Verzweigung rechts empor in Östliche Lachenjoch. Drüben kurz hinab, dann nach Süden in ein nettes, leicht verkarstetes Kar und wieder aufwärts in die Lechtaler Scharte, 1950 m. Nun quer durch die teilweise sehr steilen Hänge auf eine Schulter südlich des höchsten Luchskopfes, 2180 m, auch Krottenköpfe genannt. Im Schrofengelände in die folgende Scharte hinab, nördlich um einen Kopf und an die Leilach-Felsen heran. Durch eine sehr brüchige Rinne in eine Gratlücke und über kleine Felsstufen zum Kreuz.
Beim Rückweg kann man ab Lechtaler Scharte die Lachenspitze auch auf der Südwestseite umgehen, um über die Steinkarscharte die Landsberger Hütte zu erreichen. Kleiner Steig; etwa gleiche Zeit.

20 Landsberger Hütte, 1805 m

Großes Alpenvereinshaus unter der Lachenspitz-Nordwand

Vilsalpsee – Traualpsee – Landsberger Hütte; oder Tannheim – Neunerköpfl – Strindenscharte – Gappenfeldscharte – Schochenspitze – Lache – Hütte

© FREYTAG - BERNDT u. ARTARIA, WIEN

Talort: Tannheim, 1097 m.
Ausgangspunkt: Vilsalpsee, 1168 m, 4 km von Tannheim; bis 10 Uhr ist die Zufahrt mit dem Pkw möglich, dann nur mehr mit dem Bus von Tannheim aus.
Gehzeiten: Vilsalpsee – Hütte 1$\frac{1}{2}$ Std.; Übergang vom Neunerköpfl 2$\frac{3}{4}$ Std.
Anforderungen: Breiter, aber etwas steiniger Bergweg.
Höchste Punkte: Landsberger Hütte, 1805 m; evtl. Schochenspitze, 2069 m.
Einkehrmöglichkeit: Landsberger Hütte des Deutschen Alpenvereins.
Sehenswertes: Die drei Bergseen.

Auf beiden Routen lohnt sich der Aufstieg zu dieser großen Hütte; einmal begeistern die Bergseen, einmal die hindernislosen Ausblicke. Sie thront auf einem Geländerücken oberhalb von Traualpsee und Lache, und gleich gegenüber ragt die Lachenspitz-Nordwand auf.

Aufstieg vom Vilsalpsee: Ein Stück am linken Ufer des Sees talein, dann schräg durch den Wald ins Traualptal. Über eine hohe Stufe ins Becken des Traualpsees, 1649 m, und über eine weitere, felsige Stufe mit gut ausgebautem Weg zum Kamm und nach rechts zur stattlichen, vielbesuchten Hütte.

Übergang vom Lift: Von Tannheim mit den Liften zur Bergstation in 1770 m Höhe und auf das nahe Neunerköpfl, 1864 m. Erst westlich, dann östlich des Kammes durch die Hänge in die Strindenscharte und nach weiterer Querung in die Gappenfeldscharte, 1860 m. Empor auf die Ostschulter der Schochenspitze, 2069 m, Abstecher auf den Gipfel in wenigen Min. Dann hinab in die Lachenscharte und hinüber zur Hütte. Abstieg zum Vilsalpsee.

Landsberger Hütte

21 Steinkarspitze und Rote Spitze, 2130 m

Die ungleichen Gipfel über der Landsberger Hütte

Vilsalpsee – Traualpsee – Landsberger Hütte – Westliches Lachenjoch – Rote Spitze – Lachenjoch – Steinkarspitze – Steinkarscharte – Hütte – Vilsalpsee

© FREYTAG · BERNDT u. ARTARIA, WIEN

Talort: Tannheim, 1097 m.
Ausgangspunkt: Vilsalpsee, 1168 m, 4 km von Tannheim; bis 10 Uhr ist die Zufahrt mit dem Pkw möglich, dann nur mehr mit dem Bus von Tannheim aus.
Gehzeiten: Vilsalpsee – Landsberger Hütte 1½ Std., Weiterweg zur Roten Spitze 50 Min., Übergang zur Steinkarspitze 30 Min.
Anforderungen: Zur Roten Spitze erdiger, deshalb bei Nässe rutschiger Steig, zur Steinkarspitze steiler und steinig.
Höchste Punkte: Rote Spitze, 2130 m, Steinkarspitze, 2067 m.
Einkehrmöglichkeit: Landsberger Hütte des Deutschen Alpenvereins.

Die beiden Gipfel westlich der Landsberger Hütte lassen sich ideal zu einer kurzen, spritzigen Rundtour verbinden. Etwa von der Schochenspitze gesehen zeigt sich die Rote Spitze als wildes Horn mit senkrechten, auffallend roten Wänden auf der rechten Seite und saftig grünem Steilgras links. Die benachbarte Steinkarspitze hingegen erscheint in dem für den Hauptdolomit so typischem Grau. Das prägt auch die beiden Anstiege: hier ein Weg über Gras und Erde, dort eine Route über Geröll und Fels (zumindest am Gipfel). Das ganze Gebiet zeichnet sich zudem durch eine sehenswert reiche Flora aus.

Zur Roten Spitze: Wie bei Tour 20 beschrieben vom Vilsalpsee zur Landsberger Hütte, 1805 m. Nun auf einem viel begangenen Weg nach Westen durch Grashänge und -mulden ins Westliche Lachenjoch, 1965 m. Auf steilem, erdigem Steig über den begrünten Grat auf den Gipfel.

Steinkarspitze, rechts der Aufstiegs-, links der Abstiegsgrat

Steinkarspitze-Überschreitung: Zurück ins Joch. Jetzt über den Grat nach Süden bis zu den Felsen, die man zum Gipfelkreuz erklettern kann, oder man umgeht sie – einfacher – auf der rechten Seite zum Südwestgrat. Über diesen wieder kurz hinab, dann scharf nach links und quer durch die Flanke in die Steinkarscharte. In einem Bogen zurück zur Hütte.

22 Vilsalpsee und Bärgacht

Seewanderung und eindrucksvoller Wasserfall

Parkplatz – Westufer – Vilsalpe – Bärgacht – Wasserfall – Vilsalpe – Ostufer – Parkplatz

© FREYTAG · BERNDT u. ARTARIA, WIEN

Talort: Tannheim, 1097 m.
Ausgangspunkt: Vilsalpsee, 1168 m, 4 km von Tannheim; bis 10 Uhr ist die Zufahrt mit dem Pkw möglich, dann nur mehr mit dem Bus von Tannheim aus.
Gehzeiten: Vilsalpsee – Wasserfall 1¼ Std., Rückweg 1 Std.
Anforderungen: Bis zur Vilsalpe ganz gemütliche Wander- und Fahrwege, im hinteren Tal kleinere, steinige Steige.
Höchster Punkt: Bärgacht, 1300 m.
Einkehrmöglichkeiten: Jausenstation Vilsalpe und Ghs. beim Parkplatz am Nordufer des Sees.
Sehenswertes: Mehrteiliger Wasserfall der Vils im Bereich einer fast 300 m hohen Felsstufe.

Das Ganze ist ein recht bequemer und dabei völlig harmloser Bergspaziergang, bei dem es viel zu schauen gibt, und der deshalb auch den Kindern Spaß macht. Der immerhin 1,4 km lange Vilsalpsee zwängt sich recht malerisch zwischen die steilflankigen Berge, nur am Nord- und am Südufer gibt es sanfte Wiesenflächen. Auf den Uferwegen und bis zur Vilsalpe geht es oft recht lebhaft zu, während im hintersten, von hohen Wänden eingeschlossenen Talwinkel relativ wenige unterwegs sind. Dabei bietet der große, in mehrere Arme zerteilte Wasserfall wohl das schönste Naturschauspiel im Bereich des Tannheimer Tales. Selbstverständlich zeigt dieser große Quellbach der Vils im Frühsommer, wenn er durch das Schneeschmelzwasser angeschwollen ist, den imposantesten Anblick. Dann gibt es auch eine reiche Blumenpracht zu bewundern. Bärgacht heißt dieser abgelegene Talwinkel, wobei das „Gacht" etwa steil, jäh bedeutet.

Vom See zum Wasserfall: Beim Gasthaus nach rechts über den Ausfluß des Vilsalpsees, dann immer auf dem breit ausgebauten Wanderweg am Westufer entlang. Auf dem Boden am Ende des Sees trifft man dann bald auf einen Fahrweg, dem man bis zur Vilsalpe folgt. In gleicher Richtung weiter zum Wald, der ganz auffallend von Geröllflächen durchsetzt ist.

Nach etwa 20 Min. erreicht man den hinteren Waldrand, wo der breite Weg endet. Den Trittspuren folgend längs des Baches nach Süden an den Fuß des Wasserfalls.

Rückweg: Ein gut markierter Fußweg führt auf der anderen Seite des Baches – anfangs durch eine malerische Wiesen- und Blocklandschaft – zurück zur Vilsalpe. Dann auf dem Fahrweg östlich um den See wieder talaus zum Parkplatz.

Bärgacht-Wasserfall bei der Vilsalp

23 Große Vilsalpsee-Runde

Lange Bergwanderung über vier Scharten

Vilsalpsee – Traualpsee – Landsberger Hütte – Westliches Lachenjoch – Kastenjoch – Kirchdachscharte – Hintere Schafwanne – Vilsalpe – Vilsalpsee

Talort: Tannheim, 1097 m.
Ausgangspunkt: Vilsalpsee, 1168 m, 4 km südlich von Tannheim im Vilsalptal gelegen; bis 10 Uhr ist die Zufahrt mit dem Pkw möglich, dann nur mehr mit dem Bus von Tannheim aus.
Gehzeiten: Vilsalpsee – Landsberger Hütte 1½ Std., Weiterweg und Abstieg 4½ Std.

Anforderungen: Anstrengende Höhenwanderung auf alpinen Steigen, einige steilere Stellen, nur bei zuverlässigem Wetter begehen.
Höchste Punkte: Westliches Lachenjoch, 1965 m, Hintere Schafwanne, 1957 m.
Einkehrmöglichkeiten: Landsberger Hütte und Vilsalpe.

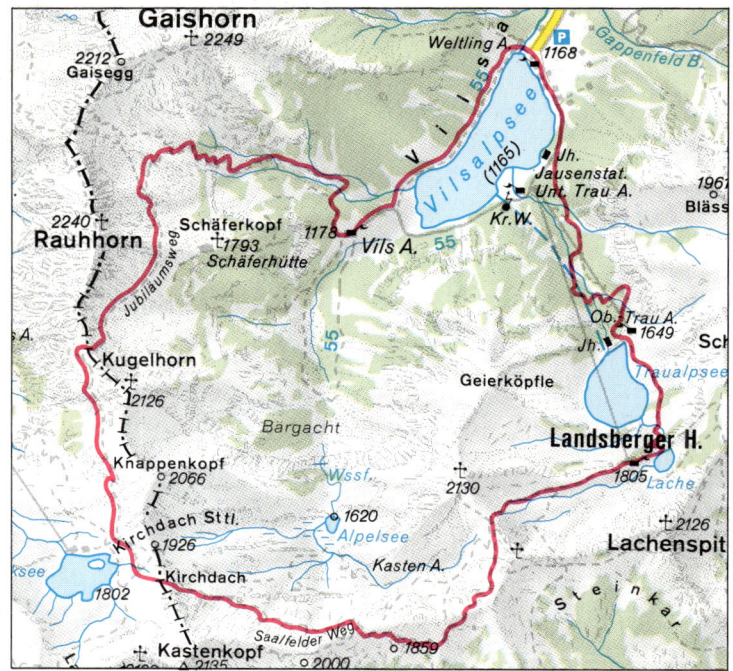

© FREYTAG - BERNDT u. ARTARIA, WIEN

Rauhhorn von Osten

Manche beginnen diese großzügige Rundtour bereits am Neunerköpfl und sind dann noch mindestens 1½ Stunden länger unterwegs. Andere wieder besteigen zusätzlich die am Wege liegenden Gipfel wie Steinkarspitze, Kugelhorn und Rauhhorn. Doch dazu braucht man dann schon eine ausgezeichnete Kondition. Außerdem bietet auch unsere Route eine Fülle schönster Eindrücke, eine ideale Mischung aus interessanten Nahblicken wie etwa auf die zerborstenen Kälbelespitze und einer weitreichenden Fernsicht.

Die Rundtour: Wie bei Route 20 vom Vilsalpsee zur Landsberger Hütte. nach Westen über das Grasgelände ins Lachenjoch, 1965 m. Quer durch die Steilflanke der Steinkarspitze auf einen welligen Rücken und hinab ins breite Kastenjoch, 1859 m. Wegverzweigung. Auf der rechten Route mit etwas Auf und Ab durch das interessante Karstgelände zur Kirchdachscharte, 1926 m, mit überraschendem Tiefblick auf den Schrecksee. Quer durch die teilweise steilen Flanken des Kugelhorns in die Hintere Schafwanne (richtig wohl Schafwannensattel!). Über ein paar Schrofen hinab, dann östlich unter dem wilden Rauhhorn hindurch – meist über Geröll – zu einer Verzweigung. Auf steilem Pfad zur bewirtschafteten Vilsalpe und am Westufer des Sees entlang zurück zum Auto.

24 Rauhhorn, 2241 m

Ein anspruchsvolles Ziel über dem Vilsalpsee

Vilsalpsee – Vilsalpe – Vordere Schafwanne – Nordgrat – Rauhhorn – Südgrat – Hintere Schafwanne – Jubiläumsweg – Vilsalpsee

Talort: Tannheim, 1097 m.
Ausgangspunkt: Vilsalpsee, 1168 m, 4 km von Tannheim; bis 10 Uhr ist die Zufahrt mit dem Pkw möglich, dann nur mehr mit dem Bus von Tannheim aus.
Gehzeiten: Vilsalpsee – Rauhhorn 3³/₄ Std.

Anforderungen: Eine der anspruchsvollsten Touren des Büchleins, Zugangsweg und Abstieg teilweise recht steinig, am Gipfel Kletterei im Schwierigkeitsgrad I.
Höchster Punkt: Rauhhorn, 2241 m.
Einkehrmöglichkeit: Nur Vilsalpe gleich hinter dem Vilsalpsee.

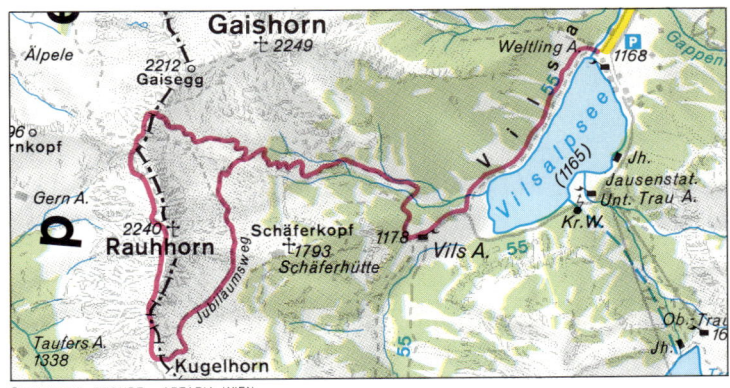

© FREYTAG · BERNDT u. ARTARIA, WIEN

Das Rauhhorn versteckt sich halb hinter seinem fast gleichhohen Nachbarn, dem Gaishorn, und fällt deshalb weniger auf. Dabei gehört es – wie schon der Name andeutet – zu den interessanten Felsgipfeln, ist ein zerklüftetes Massiv mit einer eindrucksvollen Ostwand. Über die beiden Gipfelgrate führt je ein Steig, trotzdem kann man die Überschreitung nicht bei den Bergwanderungen einordnen. Die Kletterstellen sind zwar einfach, aber sie erfordern trotzdem einen sicheren Bergsteiger. Ideal läßt sich diese Tour mit einer Gaishorn-Überschreitung kombinieren. Gipfelsammler können zudem aus dem trennenden Sattel bei der hinteren Schafwanne in 25 Minuten das Kugelhorn, 2126 m, erstürmen.

Nordanstieg: Vom Parkplatz auf dem Promenadeweg am Westufer des Vilsalpsees entlang zur bewirtschafteten Vilsalpe. Hier nun zum nahen

Bergfuß, dann nach rechts in das Lawinental unter dem Gaishorn. Im steinigen Grasgelände rasch aufwärts in die Vordere Schafwanne und in der gleichen Richtung weiter bis in den abschließenden Sattel. Zuerst auf, dann rechts neben dem Grat nach Süden und an den letzten, steilen Gipfelaufschwung heran. Links mit Hilfe eines Drahtseils durch eine etwas ausgesetzte Rinne, dann nach rechts um eine Ecke und zum Kreuz.

Abstieg nach Süden: Stets den deutlichen Spuren folgend über den mit kleinen Felszacken besetzten Südgrat hinab – einige einfache Kletterstellen – in den tief eingeschnittenen Sattel. Nach Osten in die Hintere Schafwanne, dann auf dem Jubiläumsweg unter den Rauhhorn-Wänden entlang zurück zum Steig in der Vorderen Schafwanne.

Rauhhorn-Gipfel

25 Drei Wege zum Gaishorn

Eine schöne Felspyramide steil über dem Vilsalpsee

Vilsalpsee – Obere Roßalm – Feldalm – Nordflanke – Gaishorn – Vordere Schafwanne – Vilsalpe – Vilsalpsee; oder Wiesle – Älpele – Zererköpfle – Gaisegg – Gaishorn – Älpele – Wiesle

Talort: Tannheim, 1097 m.
Ausgangspunkt: Vilsalpsee, 1168 m, 4 km von Tannheim; bis 10 Uhr ist die Zufahrt mit dem Pkw möglich, dann nur mehr mit dem Bus von Tannheim aus.
Gehzeiten: Vilsalpsee – Gaishorn 3¼ Std.; Aufstieg über Älpele und Gaisegg

etwa 4 Std.
Anforderungen: Steile Bergwege, am Gipfelmassiv Trittsicherheit notwendig.
Höchste Punkte: Gaishorn, 2247 m, Gaisegg, 2213 m.
Einkehrmöglichkeit: An der üblichen Route keine; sonst Jausenstation Älpele.

© FREYTAG · BERNDT u. ARTARIA, WIEN

Diese gewaltige Aussichtspyramide gehört zu den recht begehrten Zielen über dem Tannheimer Tal, zumal sich gleich zwei Möglichkeiten für Rundtouren anbieten. Der von Schrofen durchsetzte Gipfelaufbau erfordert allerdings etwas Geschicklichkeit und gutes Schuhwerk.

Rundtour vom Vilsalpsee: Am Nordende des Sees über die Brücke und gleich über die Wiese empor zum Waldrand. Links neben einem scharf eingeschnittenen Bachtobel weiter aufwärts, dann nach rechts zur Oberen Roßalm und weiter zu dem schönen Sattel am Schnurschrofen. Über den Grat nach Süden, dann rechts in der steilen Geröll- und Schrofenflanke zum Hauptkamm und Gipfel. Schräg durch die Südflanke in die Vordere

Schafwanne hinab und auf steinigem Pfad steil abwärts zur Vilsalpe. Am Westufer zurück zum Ausgangspunkt.

Rundtour über das Gaisegg: Wie bei Route 26 ins Älpele, 1526 m. Bei der nächsten Wegverzweigung rechts und über eine Steilstufe in den Sattel am Zirleseck. Nun nach Süden stets über den Gras-, Latschen- und Schrofengrat zum Zererköpfl, 1946 m, und – am Schluß steil – auf das Gaisegg. Auf dem hohen Verbindungsgrat hinüber zum Gaishorn. Abstieg zur Schulter am Schnurschrofen und zurück ins Älpele.

Gaishorn von Osten

26 Älpele – Roßalm

Rundtour unter dem Gaishorn

Tannheim/Wiesle – Älpeletal – Älpele – Feldalm – Untere Roßalm – Tannheim

Talort: Tannheim, 1097 m.
Ausgangspunkt: Etwa in der Mitte zwischen Tannheim und dessen Ortsteil Wiesle liegt südlich der Straße ein größerer Parkplatz.
Parkmöglichkeit: Siehe Ausgangspunkt.
Gehzeiten: Älpele gut 1¼ Std., Weiterweg zur Feldalm 1 Std., Gesamtgehzeit

etwa 3½ Std.
Anforderungen: Fahrwege und Fußsteige, keine Problem- oder Gefahrenstellen.
Höchster Punkt: Wiesensattel auf der Feldalm, 1870 m.
Einkehrmöglichkeit: Almwirtschaft auf dem Älpele.
Sehenswertes: Schönes, felsiges Bettt des Älpelebachs.

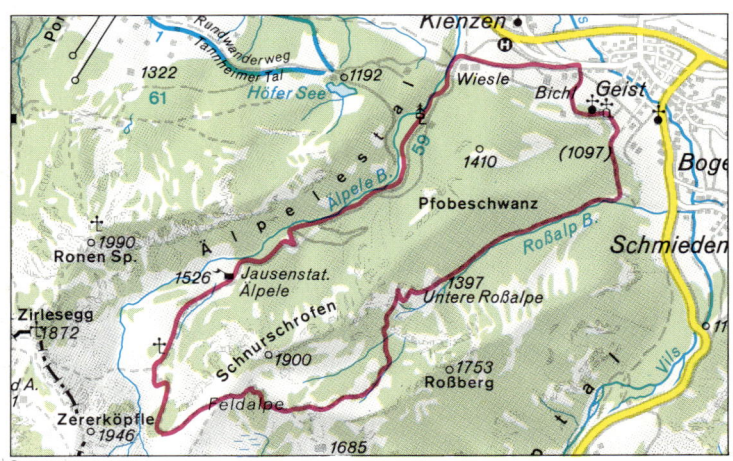

© FREYTAG - BERNDT u. ARTARIA, WIEN

Das Älpele wäre ein erstes, kleineres Ziel. Es liegt in einem erstaunlich weiten, sanften Talboden mit üppigen Weideflächen und reicher Flora, einem Boden, der von steilen, felsdurchsetzten Graten eingerahmt ist. Ein Platz zum Träumen! Wer noch mehr unternehmen will, steigt zum weiten Sattel am Schnurschrofen im Bereich der ehemaligen Feldalm hinauf. Schöne Matten und der nun viel freiere Blick laden ebenfalls zu einer ausgiebigen Rast ein. Besonders imposant zeigt sich das Gaishorn, das nach Nordosten mit einer 350 m hohen Schrofenwand abbricht.

Höfersee bei Tannheim

Zum Älpele: Direkt am Parkplatz führt ein alter Weg entlang. Auf ihm links an den Häusern von Wiesle vorbei hinauf zum obersten Gebäude und bis vor den Älpelebach. Bei der Verzweigung der Fahrwege links aufwärts, bald danach jedoch Abzweigung eines kleineren, alten Wegs nach oben. Auf ihm durch lichten Wald zu einem „verwunschenen" Mattenboden. Hier lohnt es sich, das schön ausgewaschene Bett des Älpelebaches anzuschauen. Dann auf dem Ziehweg kräfig steigend empor. Auch weiterhin auf dem alten Weg, der die Schleifen der Almstraße abschneidet, zum Älpele, 1526 m.

Der Rundweg: Auf einem Steig durch das von kleinen Kuppen reich gegliederte Almgelände am Fuß des Gaishorns, das hier mit einer breiten und steilen Schrofenflanke aufragt. Dann scharf nach links und hinaus zu dem schönen, weiten Mattensattel vor dem Schnurschrofen. Drüben über Gras- und Latschenhänge zu einem tieferen Sattel hinab. Wegverzweigung. Nach Osten erst über Böden, dann über eine steile Stufe zur Unteren Roßalm, 1397 m. Im scharf eingeschnittenen Waldtal abwärts, dann links um die Geländekante und zu den Wiesen oberhalb von Tannheim (schöner Blick auf den Ort). An der Grotte vorbei zurück zum Parkplatz.

27 Zirlesegg und Ronenspitze

Der Berg, der wie ein Pult ausschaut

Tannheim – Wiesle – Älpeletal – Älpele – Zirlesegg – Südgrat – Ronenspitz – Nordgrat – Höfersee – Wiesle

Talort: Tannheim, 1097 m.
Ausgangspunkt: Etwa in der Mitte zwischen Tannheim und Wiesle liegt südlich der Straße ein größerer Parkplatz.
Parkmöglichkeiten: Siehe Ausgangspunkt.
Gehzeiten: Älpele gut 1¼ Std., Weiterweg zur Ronenspitze 1½ Std., Abstieg 1¼ Std.

Anforderungen: Bis zum Zirlesegg Bergwege ohne schwierige Stellen, an der Ronenspitze einige Schrofen (Sicherungen), die etwas Trittsicherheit erfordern.
Höchste Punkte: Zirlesegg, 1872 m, Ronenspitze, 1990 m.
Einkehrmöglichkeit: Jausenstation Älpele.

Den mittleren und westlichen Teil des Tannheimer Tales beherrscht ein eher sanft geformter Berg, der sich wie ein Pult gegen das Tal vorschiebt. Das ist die Ronenspitze, deren 700 m hohe Flanke als steile, glatte, auffallend gleichmäßige Riesenfläche nach Norden abfällt. Ungleich markanter und felsiger zeigt sich die Südseite, wenn man den Berg etwa von Zirlesegg aus betrachtet.
Aufstieg: Direkt am Parkplatz führt ein alter Weg entlang. Auf ihm an den Häusern von Wiesle hinauf zum obersten Gebäude und bis vor den Älpelebach. Bei der Verzweigung der Fahrwege links aufwärts, bald danach jedoch die Abzweigung eines kleineren, alten Weges gerade nach oben. Auf

Blick vom Rauhhorn nach Norden auf die Ronenspitze

ihm durch lichten Wald zu einem „verwunschenen" Mattenboden. Dann auf dem Ziehweg kräftig steigend empor. Auch weiterhin auf dem alten Weg, der die Schleifen der Almstraße abschneidet, zum Älpele, 1526 m. Über die schönen gewellten Böden nach Südwesten auf eine Kuppe im Gelände. Wegverzweigung. Rechts weiter, kurz zu einem Bach hinab, dann über einen hohen Steilhang in den tiefsten Sattel im Grenzkamm. Nach Norden auf das nahe Zirlesegg. Interessanter Weiterweg über den Grat mit ein paar harmlosen Felsstellen (Drahtseil) auf den Gipfel.

Rückweg: Abstieg über den abgerundeten, relativ steilen Nordrücken auf steinigem Pfad und weiter zwischen Latschen und Bäumen auf einen kleinen Absatz. Wegverzweigung. Hier nach rechts und durch die Lawinenhänge, die teilweise mit Buschwerk überwuchert sind, hinab auf einen breiteren Weg. Durch Wald zu einer Forststraße und nahe am kleinen, bescheiden Höfersee vorbei zurück nach Wiesle.

28 Bschießer und Ponten

Interessante Möglichkeiten für Gipfelsammler

Schattwald – Stuibental – Untere und Obere Stuibenalpe – Bschießer – Ponten; evtl. Weiterweg über Zirlesegg – Pontental – Schattwald

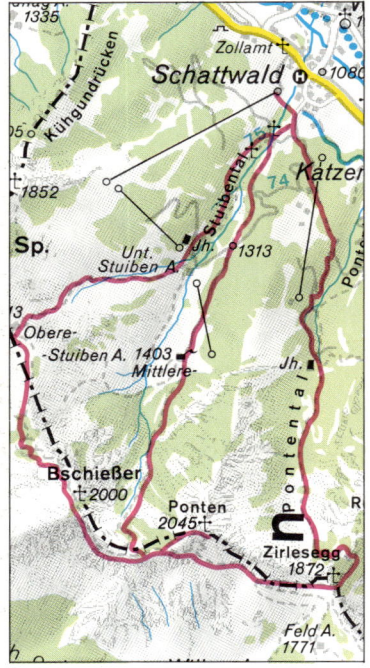

© FREYTAG · BERNDT u. ARTARIA. WIEN

Talort: Schattwald, 1080 m.
Ausgangspunkt: Parkplatz des im Sommer ruhenden Wannenjochliftes; kurze Zufahrt vom westlichen Ortsende.
Parkmöglichkeiten: Siehe Ausgangspunkt.
Gehzeiten: Schattwald – Bschießer 2½ Std., Übergang zum Ponten 50 Min.
Anforderungen: Zum Bschießer Bergwege ohne anspruchsvolle Stellen, beim Gratübergang etwas Trittsicherheit empfehlenswert.
Höchste Punkte: Bschießer, 2000 m, Ponten, 2045 m.
Einkehrmöglichkeit: Jausenstation auf der Mittleren Stuibenalpe.

Ponten heißt der höchste Gipfel im Bereich von Schattwald. Mit seinen von Felszähnen verzierten Nordgrat gehört er aber auch zu den auffallenden Berggestalten des Gebietes. Er läßt sich ideal mit dem benachbarten Gerade-noch-Zweitausender Bschießer kombinieren. Ganz Fleißige schließen sogar noch die Überschreitung der Ronenspitze an, siehe Tour 27. Man steigt dann von dem dort erwähnten „kleinen Absatz" nach links ab.

Zum Bschießer: Beim linken oberen Eck des Parkplatzes führt eine Brücke über den Stuibenbach. Drüben nur kurz auf dem Sträßchen empor, dann weiter auf dem Fußweg, der sich bald verzweigt. Jetzt zurück über den Bach und immer oberhalb des rechten Ufers hinauf zur Unteren Stuibenalpe. Im rechten Bacheinschnitt zur Oberen Alpe und zum weiten Stuibensattel. Über breite Hänge, dann über steinige Flächen zum Gipfel.

Ponten-Nordostflanke, davor das Pontental

Über den Ponten: Vom Bschießer links der Kante durch die Flanke hinab in den Pontensattel und über den teils grünen, teils steinigen Grat auf den Gipfel des Ponten. Dann durch die Südflanke hinab zu einem querlaufen-den Weg. Auf ihm nach links und zum Zirlesegg, 1872 m. Kurz über dessen Nordgrat, dann nach Westen hinab ins Pontental und hinaus zu einer Weg-verzweigung. Sich stets links haltend Abstieg nach Schattwald (rechts geht es nach Zöblen).

29 Über Iseler und Wannenjoch

Eindrucksvolle Grattour über dem Oberjoch

Oberjoch – Iseler – Wannenjoch – Kühgundkopf – Nordgrat – Wiedhag – Oberjoch

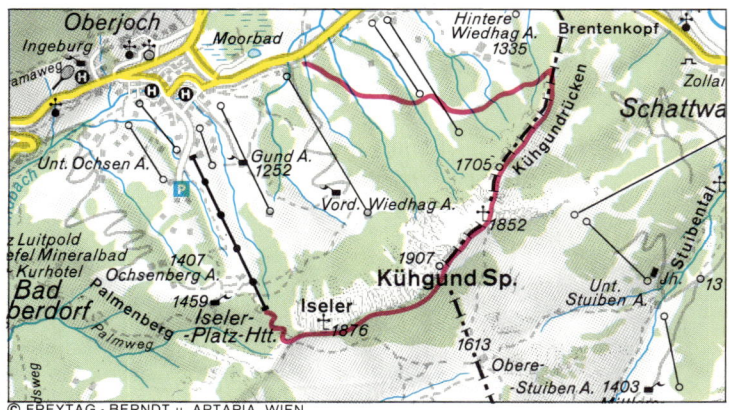

© FREYTAG · BERNDT u. ARTARIA, WIEN

Talort: Oberjoch, 1136 m, Wintersportsiedlung und Kurstation im gleichnamigen Joch auf deutschem Boden, Ortsteil von Hindelang. Breite Zufahrtsstraße aus dem Tannheimer Tal.
Ausgangspunkt: Großer Parkplatz gleich links neben der Straße am Ortsrand.
Parkmöglichkeiten: Siehe Ausgangspunkt.

Gehzeiten: Iselerlift – Iseler 40 Min., Übergang zum Wannenjoch ½ Std., Abstieg 1½ Std.
Anforderungen: Zum Iseler steiniger, aber problemloser Steig, für die Überschreitung Trittsicherheit unbedingt notwendig.
Höchste Punkte: Iseler, 1876 m, Wannenjoch, 1909 m.
Einkehrmöglichkeiten: Nur im Tal.

Vorab: Der 1909 m hohe Hauptgipfel des breiten Bergkammes über dem Oberjoch heißt bei den Tirolern Wannenjoch, bei den Allgäuern Kühgundkopf, sein nördlicher, mit einem Kreuz geschmückte Vorgipfel einmal Kühgundkopf, einmal Kühgundspitze. Zu den Touren: Der bekannte Iseler gehört zu den vielbesuchten Allerweltszielen, während die scharfe, leicht felsige Nordgrat des – höheren! – Wannenjochs dem Geschickten eine ausgesprochen interessante und rassige Bergfahrt bietet.
Der Iseler: Vom Parkplatz ziemlich gerade durch den Ort empor zur Talstation des Sesselliftes, 1210 m, 10 Min. Fahrt zur Bergstation in 1640 m Hö-

he, die mitten im steilen Hang steht. Auf breitem, aber steinigem Weg durch den Latschenhang zum Grat mit überraschendem Hochvogelblick und durch Latschengassen zum Gipfelkreuz.

Die große Überschreitung: Vom Iseler über ein kurze, schrofige Steilstufe hinab in die tiefste Scharte. Jetzt meist etwas rechts der Kante fast immer zwischen hohen Latschen über den sanft ansteigenden Grat nach Osten und Nordosten auf das Wannenjoch und wieder sanft abwärts zum kreuzgeschmückten Kühgundkopf, 1852 m. Auf dem langen, stets scharf ausgeprägten Nordgrat über manchen kleinen, felsigen Absatz weit hinab. Bei den ersten Bäumen dann nach links in den steilen Hang und hoch über der Hinteren Wiedhagalpe vorbei zu einer Liftstation. Auf dem teilweise etwas undeutlichen und unzureichend markierten Steig abwechselnd querend und steil absteigend diagonal durch die Hänge und über zwei Tobel zur Straße hinab, die man bei der Talstation des Wiedhagliftes erreicht.

Rückblick vom Kühgundkopf auf den Iseler

30 Spieser und Jochschrofen

Gemütliche, abwechslungsreiche Bergwanderung bei Oberjoch

Oberjoch – Ifenblick – Hirschalpe – Spieser – Hirschberg – Ornach – Jochschrofen – Oberjoch

Talort: Oberjoch, 1136 m, Wintersportsiedlung und Kurstation im gleichnamigen Joch auf deutschem Boden, Ortsteil von Hindelang. Breite Zufahrtsstraße aus dem Tannheimer Tal.
Ausgangspunkt: Großer Parkplatz gleich links neben der Straße bei der Abzweigung nach Jungholz und Wertach.
Parkmöglichkeit: Siehe Ausgangspunkt.

Gehzeiten: Oberjoch – Spieser 1¹/₂ Std., Übergang zum Jochschrofen gut 30 Min.
Anforderungen: Bergwege ohne Probleme.
Höchste Punkte: Spieser, 1649 m, Hirschberg, 1643 m, Jochschrofen, 1625 m.
Einkehrmöglichkeit: Berggaststätte Hirschalpe, 1493 m.

© FREYTAG - BERNDT u. ARTARIA, WIEN

Die drei Gipfel im Nordwesten über dem Oberjoch werden gerne zu einer Rundtour zusammengefaßt, einem relativ kurzen und deshalb gemütlichen Ausflug, der aber doch voller Abwechslung steckt. Der Gast des Tannheimer Tales lernt zudem eine ganz neue Landschaft aus der Vogelperspektive kennen: das bekannte Oberallgäu im Bereich von Ostrach und Iller mit den Orten Hindelang und Sonthofen.

Auf der Spieser: Gleich beim Parkplatz über die Durchgangsstraße und hinauf zum „Panoramaweg" oberhalb der Häuser. Auf ihm nach links, dann kurz durch Wald zu einer Geländekante, die nach Westen mit Felsen ab-

Am Spieser bei Oberjoch

bricht. Ein freier Vorsprung wird als „Ifenblick" bezeichnet. Auf der Geländekante ein Stück aufwärts, dann links quer durch die steilen Waldhänge
zu einem Fahrweg. Auf ihm (man kann einige Kehren auf einem Fußweg
abschneiden) ein gutes Stück empor, dann nach links zur bewirtschafteten
Hirschsalpe. Zu einem nahen Vorsprung mit Kreuz, dann quer durch eine
Bachmulde und weit hinüber zum Südwestgrat des Spieser. Über ihn zum
Gipfelkreuz.

Zum Jochschrofen und Abstieg: Nach Osten über den Grat in die folgende Scharte. Nun entweder über den Hirschberg, einen breiten, abgerundeten Rücken, oder gleich südlich unter ihm hindurch in den tiefen Sattel am
Fuß des Jochschrofens. Kurz nach Norden hinab in eine Mulde mit Felsblöcken, dann Gegenanstieg auf die Norschulter (Ornach) des Jochschrofens und in wenigen Minuten auf dessen Gipfel. Zurück auf die Schulter,
dann Abstieg über die Weideflächen und durch den Wald der Südostseite
in langen Kehren direkt nach Oberjoch.

31 Zinken, 1613 m

Südanstieg auf den Sorgschrofen-Zwilling

Unterjoch – Wasserfall – Steineberg – Zehrerhöfe – Waldstufe – Südgrat – Fenster – Zinken

Talort: Unterjoch, 1013 m, kleiner Allgäuer Ferienort östlich neben der beliebten Straße Wertach – Oberjoch. Mehrere Gasthöfe.
Ausgangspunkt: Start bei der Wegverzweigung kurz vor der Kirche.
Parkmöglichkeiten: Kleine Parkplätze in der Nähe des Ausgangspunktes, großer Parkplatz am Ortseingang.
Gehzeit: 1³/₄ Std. Aufstieg.

Anforderungen: Bis zu den Zehrerhöfen Fahrwege, dann breiter, aber teilweise steiler und steiniger Fußweg, am Gipfel ein paar mit Drahtseilen gesicherte Felsen.
Höchster Punkt: Zinken, 1613 m.
Einkehrmöglichkeiten: Nur im Talbereich.
Sehenswertes: Interessante Felstürmchen, zwei Felsenfenster.

© FREYTAG · BERNDT u. ARTARIA, WIEN

Im ganzen oberen Wertachtal gibt es weit und breit keine „Konkurrenz" für das Felsmassiv von Sorgschrofen und Zinken. Besonders widerstandsfähige Kalke sorgten für diesen zwar nur zwei Kilometer langen, dafür aber um so wilderen Bergzug. Jedes Ende des höchsten Grates trägt ein Kreuz, und es führen getrennte Wege von Unterjoch und Jungholz jeweils zum „eigenen" Gipfel hinauf, also einmal zum Zinken, einmal auf den Sorgschrofen. Kleine Felstürme krönen den verbindenden Grat. Sie könnten zwar in den seitlichen, sehr steilen Flanken umgangen werden. Trotzdem würde der Übergang vom einen Gipfel zum anderen etwas Kletterei erfordern; er wird deshalb selten begangen.

Der Aufstieg: Bei der Kirche auf der rechten, südlichen Bachseite bleibend an ein paar Häusern vorbei, dann auf einem Fußweg in eine nette kleine

Schlucht mit Wasserfall. Über eine kurze Stufe zum Ortsteil Steineberg, wo ein sehr schöner Blick nach Südosten überrascht. Auf dem Sträßchen flach über die Wiesen zu einer Verzweigung. Nun links und in einem Bogen hinauf zu den Zehrerhöfen. Bald nach dem letzten Haus in einem Bachtälchen weiter, dann in sehr steilem Wald auf einem „Wurzelweg" kräftig steigend empor zu einer großen Lichtung. Über sie steil zum Grat. Jetzt führt der Weg in dessen rechter Flanke weiter bergauf, zuerst zwischen mächtigen Fichten, dann unter Felstürmchen von auffallender Form hindurch bis in eine Steilmulde unter dem Gipfel. Oberhalb sind zwei Felsenfenster; durch das linke führt der Anstieg. Die kurzen Felsstufen sind mit mehreren Drahtseilen gesichert.

Am Sorgschrofen

32 Sorgschrofen, 1636 m

Das Felskastell über Jungholz

Jungholz – Skilifthänge – Nordgrat – Gipfelflanke – Sorgschrofen – Nordgrat – Nordhänge – Langenschwand – Jungholz

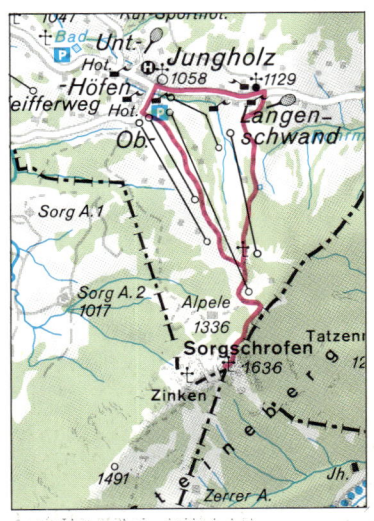

Talort: Jungholz, 1058 m.
Ausgangspunkt: Man startet am besten in der Ortsmitte von Jungholz
Parkmöglichkeiten: Großer Parkplatz bei der Talstation der Skilifte.
Gehzeiten: Aufstieg ab Jungholz 1³/₄ Std., Rückweg über Langenschwand etwa 1¹/₄ Std.
Anforderungen: Auch im unteren Teil nur ganz kleine Steige, im felsigen Gipfelbereich sehr steil, Trittsicherheit notwendig, bei Nässe unangenehm.
Höchster Punkt: Sorgschrofen, 1636 m.
Einkehrmöglichkeiten: Nur Gasthäuser in Jungholz und Langenschwand.
Sehenswertes: Felstürmchen im Gipfelbereich.

Wie eine trotzige Festung beherrscht der Sorgschrofen das Dörfchen Jungholz. Bei seiner bescheidenen Höhe von gut 1600 m fällt dieser Felskamm besonders ins Auge, bildet vor allem einen scharfen Kontrast zu den sanften, abgerundeten Kuppen, die sonst diese Landschaft prägen. Die Besteigung ist kurz, spritzig, abwechslungsreich, doch führt der Weg durch richtiges Schrofengelände und erfordert deshalb einen sicheren Geher.

Die übliche Route: Vom Parkplatz hinüber zur Liftstation, wo der Aufstiegsweg beginnt. Auf einem kleinen Steig durch die vor allem im Frühsommer herrlichen blühenden Wiesen ziemlich gerade aufwärts – immer parallel zu den Liften – auf einen Absatz im Gelände. Weiter zur obersten Liftstation und nach links auf den Nordgrat mit schönem Blick nach Osten. Über den Rücken bis zu den Felsen, dann rechts quer durch die recht steilen Hänge bis unter eine Rinne. In dem felsdurchsetzten und geröllreichen Gelände (keine Steine abtreten!) hinauf bis knapp unter den Grat und rechts über eine Steilstelle auf einen Vorkopf. Links unter einem Felstürmchen hindurch und dann zum Gipfelkreuz.

Älpele-Alternative: Man kann auch vom Holzschnitzer zum „Daumen-blick" ansteigen und weiter durch Wald und über Lichtungen das Älpele, 1336 m, erreichen. Von der Alphütte schräg links empor zum Lift.

Abstieg über Langenschwand: Zurück zum oben erwähnten Absatz. Hier nun nach rechts und neben einem weiteren Lift über die Wiesen hinab. Nochmals rechts und im freien Gelände nach Langenschwand und auf der Straße nach Jungholz.

Sorgschrofen vom Zinken

33 Rund um den Sorgschrofen

Bergauf und bergab über Wiesen und durch Waldtäler

Jungholz – Langenschwand – Scheidbachalpe – Vilstal – Ghs. Rehbach – Steineberg – Unterjoch – Sorgalpe – Jungholz

Talort: Jungholz, 1058 m.
Ausgangspunkt: Man startet am besten in der Ortsmitte von Jungholz.
Parkmöglichkeit: Großer Parkplatz bei der Talstation der Skilifte.
Gehzeiten: Jungholz – Rehbach gut 2 Std., Rückweg über Unterjoch 1³/₄ Std., Gesamtgehzeit 4 Std.

Anforderungen: Talwanderung auf Fahr- und Fußwegen, dennoch mehrere Anstiege.
Höchste Punkte: Langenschwand, 1129 m, Höhe zwischen Rehbach und Steineberg, 1100 m.
Einkehrmöglichkeiten: Ghs. Rehbach, Gasthäuser in Unterjoch und Jungholz.

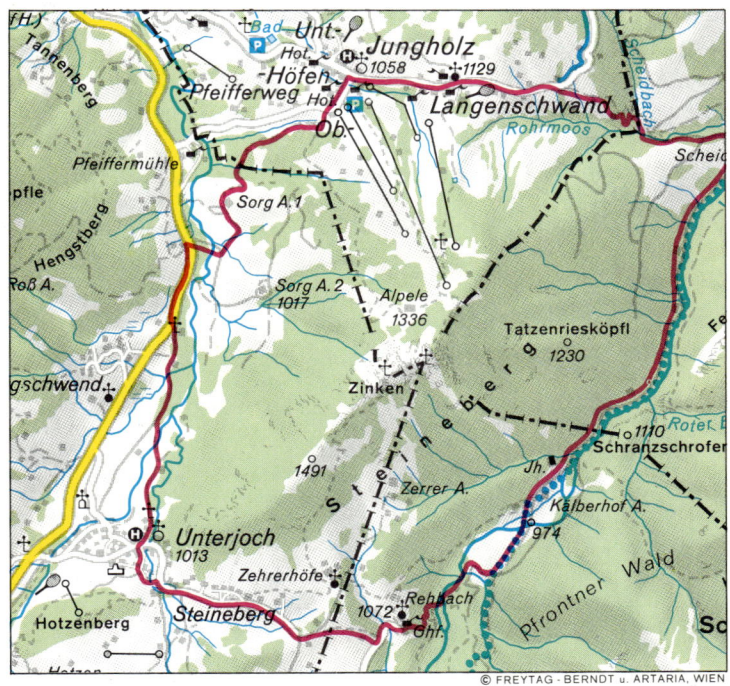

© FREYTAG - BERNDT u. ARTARIA, WIEN

Rehbach bei Schattwald

Diese Talwanderung führt rund um das Massiv von Sorgschrofen und Zinken durch eine relativ stille und unberührte Landschaft. Wiesenfläche und Wald wechseln sich immer wieder ab. Dabei ist man weitgehend auf kleinen Straßen und Fahrwegen unterwegs. Nur an wenigen Stellen werden diese durch Fußwege miteinander verbunden. Das ergibt eine ungefährliche, undramatische, eher besinnliche Wanderung.

Zum Gasthaus Rehbach: In Jungholz hinauf in den Ortsteil Langenschwand. Auf dem Hauptweg zum letzten Haus und in der gleichen Richtung weiter durch die Wiesen, bis rechts ein Schotterweg abzweigt. Auf ihm zum Waldrand, dann auf einem Steig abwärts ins Vilstal, wo man bald wieder auf einen Fahrweg trifft, und zur Vils bei der Scheidbachalpe. Am Fluß entlang in dem Waldtal nach Süden über die Grenze (Ausweis mitnehmen), dann über schöne, stille Wiesenböden, schließlich mit einem kurzen, kräftigen Anstieg zum Gasthaus, 1072 m, mit vielen Sitzplätzen im Freien.
Rückweg über Unterjoch: Auf dem Sträßchen Richtung Schattwald über einen Graben zum nahen Waldrand. Jetzt rechts auf einem kleinen Steig über Wiesen (Grenze) hinauf nach Steineberg. Hinab nach Unterjoch, 1013 m, bei der Kirche über den Bach und nach Norden auf Bauernwegen über den flachen Talboden zur Hauptstraße. Auf ihr 650 m weit, dann wieder rechts und an der Sorgalpe 1 vorbei Anstieg nach Jungholz.

34 Reuter Wanne, 1541 m

Der grüne Schopf über Jungholz

Gießenschwand – Heuberg – Reuter-Wanne-Alpe – Reuter Wanne – Stubentalalpe – Langenschwand

© FREYTAG · BERNDT u. ARTARIA, WIEN

Talort: Jungholz, 1058 m.
Ausgangspunkt: Man startet am besten in der Ortsmitte von Jungholz.
Parkmöglichkeit: Großer Parkplatz bei der Talstation der Skilifte.
Gehzeiten: Jungholz – Reuter Wanne 1½ Std., Abstieg über Stubentalalpe gut 1 Std.
Anforderungen: Kleinere und größere Wege, teilweise etwas steiler, doch ohne alle Probleme.
Höchster Punkt: Reuter Wanne, 1541 m.
Einkehrmöglichkeit: Stubentalalpe, einfache Almwirtschaft.

Die Reuter Wanne: als Berg unauffällig, doch unverkennbar dank des Rasenschopfs auf der Südostseite oberhalb von Jungholz, als Rundwanderung ohne Probleme und dramatische Höhepunkte, aber abwechslungsreich, dankbar, als Aussichtswarte erstklassig mit dem Grüntensee zu Füßen, den hügeligen Weiten des Alpenvorlands dahinter und vielen Gipfeln des Allgäuer Alpenpanoramas im Süden. Wer sich beim Abstieg noch stark und unternehmungslustig fühlt, steigt von der Stubentalalpe zum Edelsberg auf dessen Südwestgratroute hinauf (1½ Std.).
Aufstieg: Von der Kirche auf der Hauptstraße ein Stück abwärts, dann rechts abbiegen und hinüber nach Gießenschwand. Bei der Wegverzweigung hinter dem Kurhotel rechts und auf dem ganz schmalen Teersträßchen in einem Bogen über die Wiesen hinauf bis hinter ein letztes, einsames Haus. Hier Abzweigung nach links, über den Bach und quer über den Heuberg zum Einschnitt des Holderbachs, hinter dem wieder ein Fahrweg beginnt. Auf ihm ein Stückchen weiter, dann wieder rechts auf einem alten Ziehweg durch lichten Wald kräftig aufwärts zu den freien Matten der Oberen Reuter-Wanne-Alpe. Schräg nach rechts über die Wiesen bis vor die Alphütte, dann jedoch scharf nach links – erst kaum steigend – und quer

Tiefblick vom Sorgschrofen auf Jungholz und Reuter Wanne

durch die Mulde auf den Südwestrücken und über diesen zum Gipfelkreuz, wo das Gelände steil nach Nordost abfällt.

Abstieg: Zurück zur Oberen Reuter-Wanne-Alpe. Vor dort auf einem Weg im Norden um den Pfeifferberg und hinab zur einfach bewirtschafteten Stubentalalpe. Auf einem Teerstraßerl nach Langenschwand und zurück in die Ortsmitte von Jungholz.

35 Edelsberg, 1629 m

Von „hinten" auf den Ostallgäuer Aussichtsberg

Langenschwand – Südwestrücken – Edelsberg

Talort: Jungholz, 1058 m.
Ausgangspunkt: In Jungholz auf der Hauptstraße nach Osten 1 km kräftig aufwärts zum Ortsteil Langenschwand, 1129 m.
Parkmöglichkeit: Ein großer Parkplatz befindet sich auf der rechten Straßenseite kurz vor den letzten Häusern des Ortes.

Gehzeiten: Aufstieg 1³/₄ Std., Rückweg 1¹/₄ Std.
Anforderungen: Erst Teersträßchen, dann kleine Steige, doch keinerlei Problemstellen.
Höchster Punkt: Edelsberg, 1629 m.
Einkehrmöglichkeit: 5 Min. abseits der Route die einfach bewirtschaftete Stubentalalpe (1284 m).

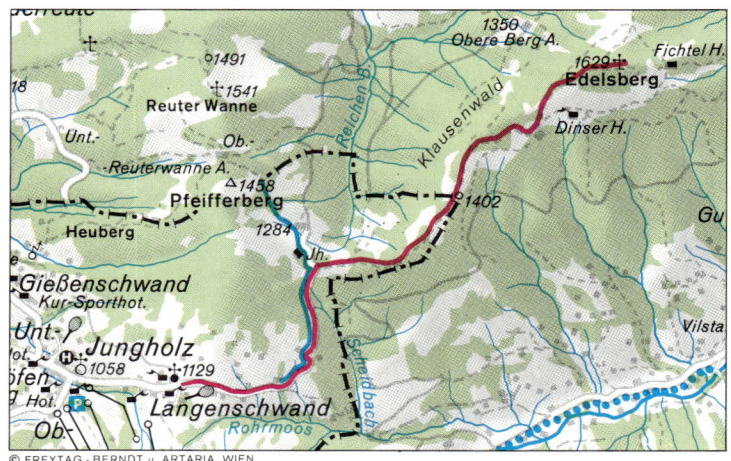

© FREYTAG · BERNDT u. ARTARIA, WIEN

Nein – seinem edlen Namen wird dieser Berg nicht gerecht! Die weit nach Norden vorgeschobene Lage und die Lifte oberhalb von Nesselwang machen ihn zwar zu einem sehr beliebten und „schnellen" Ziel der Ostallgäuer. Doch die einst berühmte Aussicht ist heute durch Fichten etwas eingeschränkt. Auch der Berg selbst wirkt nicht gerade attraktiv: ein von Wald überzogener Kopf, der jedoch von vielen Lichtungen aufgelockert ist. Auf der langgestreckten, von Jungholz heraufkommenden Südroute geht es viel stiller zu. Sehr schade ist es nur, daß die so herrlichen verwunschenen Grasplätzchen am unteren Teil des Grates – mit schönstem Blick auf den

Sorgschrofen – immer stärker von charakterlosem Fichtenwald überwuchert werden. Außerdem: Der Edelsberg eignet sich gut für eine Gipfel-
kombination mit der Reuter Wanne.

Die Route: Vom Parkplatz auf dem Sträßchen zwischen weiten Wiesen erst
etwa eben nach Osten, dann gleichmäßig steigend nach Norden zu einem
weiten Sattel in der Nähe der Stubentalalpe. Wegverzweigung. Rechts auf
einem geschotterten Fahrweg zur nahen Abzweigung des Steiges Nr. 9.
Über die Matten zum Waldrand und den üppigen Markierungen folgend ein
Stück zwischen den Fichten empor. Dann über etwas sumpfige Grasflä-
chen mit jungen Bäumen zum Kamm. Immer in seiner Nähe bleibend erst
durch freie Gassen, dann durch Hochwald, schließlich auf der Ostseite eine
sumpfige Zone umgehend zum obersten Grat. Jetzt wieder längs der
Schneide, schließlich über ein paar Steine aus Flysch zum mächtigen Gipfelkreuz.

Edelsberg nach Sonnenuntergang

36 Von Füssen zum Zirmgrat

Historische Stadt – Badeseen – Bergwanderungen

Füssen – Bad Faulenbach – Hahnenkopfweg – Alatsee – Salober-alpe – Zirmgrat – Alatsee – Obersee – Mittersee – Füssen

Talort: Füssen, 808 m, lebhafte Klein-stadt, Zentrum des Ostallgäus, histori-scher Stadtkern. Hohes Schloß aus dem 14. Jh., ehemals romanische Klosterkir-che, im 18. Jh. barock umgestaltet.
Ausgangspunkt: Großer Parkplatz im Westen des Stadtkerns an der Straße Richtung Pfronten.
Parkplatz: Siehe Ausgangspunkt.
Gehzeiten: Füssen – Alatsee 1 Std., Alatsee – Zirmgrat 1½ Std., gesamter

Hin- und Rückweg ca. 4½ Std.
Anforderungen: Wanderwege, kräftige Steigung zur Saloberalpe.
Höchster Punkt: Zirmgrat, 1292 m.
Einkehrmöglichkeit: Gasthaus am Alatsee, Saloberalpe.
Sehenswertes: Historische Stadt Füs-sen, Alatsee – stiller Berg- und Wald-see, eindrucksvoller Tiefblick vom Zirm-grat.

Füssen liegt an der schmalen Ausmündung des Lechs ins Alpenvorland und bestand schon zur Zeit der Römer als Foetibus. Es behielt seine Be-deutung für die Region und ist auch heute als Zentrum des Ostallgäus stets einen Besuch wert. Man kann durch die Fußgängerzone bummeln und die historischen Gebäude besichtigen. Ein schmales, von Waldrücken einge-faßtes Tal mit drei versteckten Seen führt von dort nach Westen, anschlie-ßend folgt der Zirmgrat mit eindrucksvollem Blick nach Süden. Also auch ein Gebiet für schöne Wanderungen.
Die Route: In Füssen zum Park hinter dem Schloß und immer auf der Höhe über den oberen Kobelweg und den Hahnenkopfweg zum Alatsee. Am

© FREYTAG · BERNDT u. ARTARIA, WIEN

Vilstal und Zirmgrat

Nordufer entlang, dann auf steilem Fahrweg zum Berggasthaus Salober-alpe, 1089 m. Vor dem Haus am Waldrand auf einem Fußweg weiter empor über einen Zwischenkopf, dann steiler aufwärts zum Zirmgrat mit freier, nach Süden vorspringender Kanzel. (Evtl. weiter über den Zwölferkopf bis zum Einerkopf.) Wieder hinab zum Alatsee, am Südufer entlang, dann durch das Tal auf dem Fußweg zum Ober- und zum Mittersee (je eine Bade-anstalt) und durch Bad Faulenbach zurück nach Füssen.

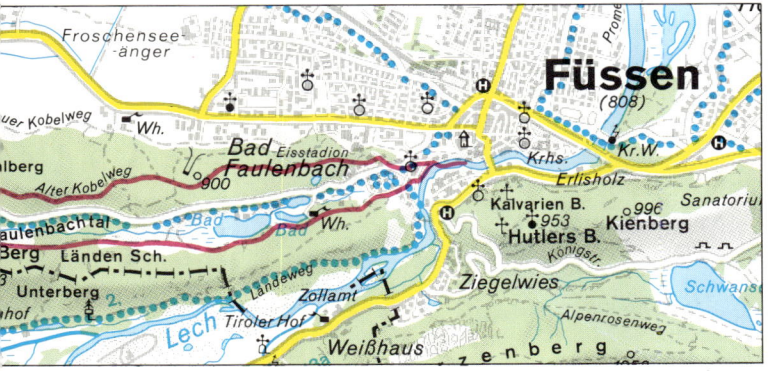

37 Im Revier von König Ludwig II.

Einzigartige Mischung: Schlösser – Wasserfall – Waldsee

Hohenschwangau – Gipsmühle – Pöllatschlucht – Neuschwanstein – Marienbrücke – Oberer Winterzugweg – Alpsee

© FREYTAG - BERNDT u. ARTARIA, WIEN

Talort: Hohenschwangau, 810 m, durch die Königsschlösser weitum berühmtes Reiseziel im Ostallgäu.

Anreise: Aus dem Tannheimer Tal über Pfronten nach Füssen und Hohenschwangau. Ca. 35 km.

Parkmöglichkeiten: Große Parkplätze mitten in Hohenschwangau, Gebühr.

Gehzeiten: Hohenschwangau – Pöllatschlucht – Neuschwanstein 40 Min., rund um den Alpsee etwa 1½ Std.

Anforderungen: Alpine Wanderwege, festes Schuhwerk notwendig.

Höchster Punkt: „Jugend", 984 m.

Einkehrmöglichkeit: Gasthäuser in Hohenschwangau.

Sehenswertes: „Märchenschloß" Neuschwanstein, erbaut um 1870, und Hohenschwangau, im 19. Jahrhundert erneuerte Burg mit sehenswerter Gemäldesammlung (Moritz von Schwind).

Diese Wanderung erschließt dem Besucher alles Sehenswerte im Bereich der berühmten Königsschlösser. Er kann dabei Neuschwanstein, das Märchenschloß von König Ludwig II., und Hohenschwangau besichtigen, er steigt durch die reizvolle Pöllatschlucht mit ihren rundgeschliffenen Felsen und dem 45 m hohen Wasserfall auf, er schaut von der Marienbrücke her-

92

ab, die eine Höhe von 92 m hat, und er wandert rund um den Alpsee, ein zwischen die Waldberge geschmiegtes Kleinod. Der 814 m hoch gelegene Bergsee hat trotz des Fremdentrubels in diesem Talwinkel noch weitgehend unberührte Ufer, lediglich an seinem Ostzipfel steht ein Hotel und im Süden gibt es eine Badeanstalt.

Pöllatschlucht und Neuschwanstein: Von der Ortsmitte auf dem Weg Nr. 1 am Bergfuß entlang zur Gipsmühle und hier nach rechts in die Pöllatschlucht. Auf dem guten, teilweise im Felsen verankerten Steig bergauf zum Wasserfall, dann nach rechts bis vor das Schloß Neuschwanstein. Weiter zur Marienbrücke mit schönem Blick aufs Schloß und dann zur Wegkreuzung an der „Jugend".

Rund um den Alpsee: Von der Kreuzung auf dem oberen Weg Richtung Säuling ganz kurz aufwärts, anschließend rechts ab und auf den Oberen Winterzugweg. Durch Wald und teilweise in interessanter Blocklandschaft zur Marienbuche. Nun am Israelit-Felsen vorbei auf dem Gnomensteig hinab zum Südufer des Sees. Jetzt zuerst in Wassernähe, später ein Stück oberhalb am West- und Nordufer entlang zurück nach Hohenschwangau.

Neuschwanstein und Hoher Straußberg

38 Plansee und Heiterwanger See

Sehr schöne, bequeme Wanderung am Tiroler Fjord

Hotel Forelle – Seewinkel – Südufer – Kanalbrücke – Heiterwanger See – Fischer am See

Talort: Heiterwang, 994 m, auf einer weiten Wiesenfläche am Ufer des Tanellers gelegen.
Anreise: Aus dem Tannheimer Tal hinab nach Weißenbach im Lechtal und weiter nach Reutte. Vor dort Richtung Fernpaß nach Heiterwang. Ca. 20 km.
Ausgangspunkt: Hotel Forelle am Nordende des Plansees. Aus Heiterwang 1,5 km hinüber zum Fischer am See, einem Hotel am Heiterwanger See, von

dort mit dem Motorboot zum Ausgangspunkt.
Parkmöglichkeit: Kurz vor dem Hotel Fischer am See.
Gehzeit: 2¹/₂ Std.
Anforderungen: Bequeme, fast ebene Wanderwege.
Einkehrmöglichkeiten: Hotel Forelle, Hotel Fischer am See.
Sehenswertes: Einsamer, fjordartiger Gebirgssee.

Wie ein Fjord schmiegt sich der Plansee zwischen die steilen, meist bewaldeten Berglehnen und füllt dabei das Tal in seiner ganzen Breite. Hohe Gipfel wie der Taneller spiegeln sich im Wasser. Mit einer Länge von 5,2 km und einer Tiefe von 77 m gehört er zu den großen natürlichen Seen im Inneren der Alpen. Und das wirklich Ungewöhnliche: Nur an drei Stellen stehen einige wenige Häuser am Ufer, sonst ist er vollkommen unberührt. Auf der Nordseite führt eine Straße am Wasser entlang, am Südufer gibt es nur einen Fußweg.

Vom Hotel Forelle zum Fischer am See: Auf der Straße zum Ostzipfel des Plansees, dann immer längs des gewundenen Südufers teilweise im Wald bis zum Südwesteck des Sees und über einen kleinen Boden zur Kanalbrücke. Über sie, dann am Nordufer des Heiterwanger Sees entlang zum Fischer am See.

© FREYTAG - BERNDT u. ARTARIA, WIEN

Plansee

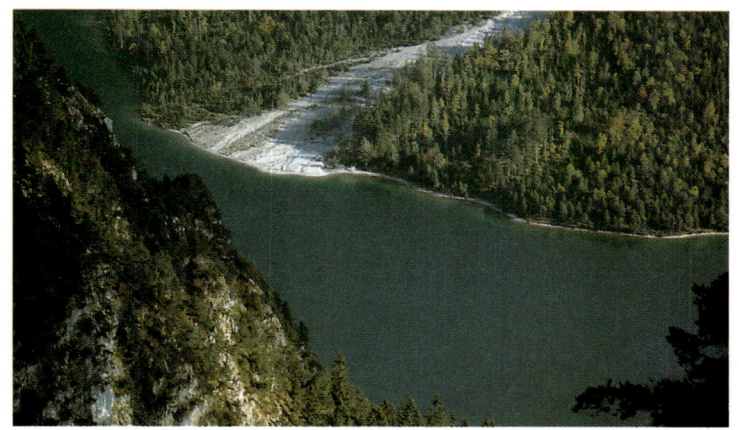

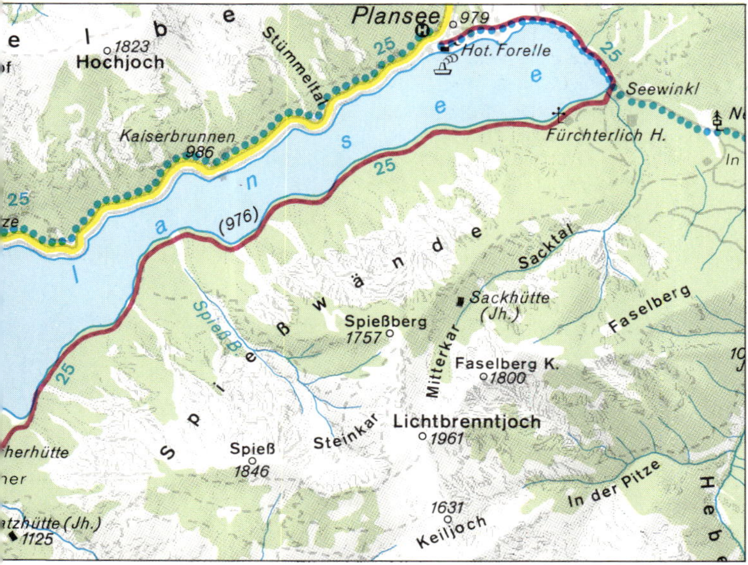
Plansee
979
Hochjoch
1823
Stümmeltal
Hot. Forelle
Seewinkl
Kaiserbrunnen
986
Fürchterlich H.
25
(976)
Sacktal
Sackhütte
(Jh.)
Spießberg
1757
Faselberg
Spieß B.
Mitterkar
Faselberg K.
1800
Lichtbrenntjoch
1961
Steinkar
Spieß
1846
In der Pitze
1631
Keiljoch
1125

39 Zugspitze, 2962 m

Abstecher zum höchsten Berg Deutschlands

Ehrwald – Zugspitze – Hotel Schneefernerhaus – Platt – Knorrhütte – Gatterl – Feldernjöchl – Ehrwalder Alm – Ehrwald

Talort: Ehrwald, 994 m, Ferienort am Fuß der Zugspitze.

Anreise: Aus dem Tannheimer Tal ins Lechtal und nach Reutte. Weiter über Heiterwang nach Lermoos und Ehrwald. Ca. 35 km.

Gehzeit: Etwa 2½ Std. Abstieg.

Anforderungen: Bergwege mit einem steilen Übergang, Trittsicherheit angenehm. Nicht bei unsicherem Wetter begehen!

Höchster Punkt: Zugspitze, 2962 m.

Einkehrmöglichkeiten: Knorrhütte, Hochfeldernalm, Ehrwalder Alm.

© FREYTAG · BERNDT u. ARTARIA, WIEN

Blick aus dem Gebiet von Ehrwald auf die Wetterspitzen

Natürlich lockt der höchste Berg Deutschlands! Deshalb gibt es dort ein ganzes Netz von Bergbahnen, und oft herrscht auf dem Gipfel ein Trubel wie auf einem Jahrmarkt. Aber ein Erlebnis ist der Besuch allemal! Und der eingefleischte Bergwanderer wird anschließend sowieso zu Fuß absteigen, dabei eine sehr urwüchsige Landschaft und hinter dem Felderjöchl auch begeisternde Ausblicke auf die Mieminger Berge kennenlernen. Außerdem muß man dem Tal von Ehrwald das Prädikat „Schönster Bergkessel der Nördlichen Kalkalpen" verleihen.

Zugspitze und Abstieg über das Gatterl: Will man über das Gatterl zu Fuß absteigen, fährt man am besten von Ehrwald mit dem Bus zur Talstation der Tiroler Zugspitzbahn. Mit dieser auf den Gipfel. Anschließend mit der Seilbahn hinab zum Hotel Schneefernerhaus, 2620 m. Vom Haus zur weiten Karstfläche, Platt genannt, und auf breitem steinigem Weg nach Osten zur Knorrhütte, 2051 m. Nun quer durch die Hänge nach Süden, Überschreitung des Gatterl, Drahtseile, Grenze) und weiter ins Feldernjöchl, 2045 m. Kurzer Anstieg auf eine Schulter, 2120 m. Dann unter den Wänden rasch abwärts über Geröll, später auf Gras zur Hochfeldernalm und weiter zur Ehrwalder Alm. Mit der Kleinkabinenbahn zur Talstation und etwa 1,7 km zurück in die Ortsmitte.

40 Hahntennjoch und Anhalter Hütte

Zum höchsten Straßenpaß der Nördlichen Kalkalpen

Hahntennjoch – Steinjöchl – Steinkar – Anhalter Hütte; evtl. Besteigung von Falschkogel oder Maldongrat

Talort: Bschlabs, 1316 m, reizvolles, weitverstreutes Bergdorf in einem Nebenast des Lechtals.
Ausgangspunkt: Hahntennjoch, 1894 m, Straßenpaß zwischen dem Lechtal und dem Inntal bei Imst.
Anreise: Abzweigung aus dem Lechtal bei Elmen; von dort auf meist guter Bergstraße – wurde 1989 noch ausgebaut – bis kurz vor Boden, dann links ab und in Kehren zum Joch empor. Bis 13%; aus dem Tannheimer Tal etwa 40 km.
Gehzeiten: Joch – Anhalter Hütte 1¼ Std., Rückweg 1 Std. (Gegenanstieg), vom Joch auf den Falschkogel 1½ Std.
Anforderungen: Bei der Hüttentour ordentliche Bergwege, bei beiden Gipfeln hingegen ist Trittsicherheit unbedingt notwendig.
Höchste Punkte: Steinjöchl, 2198 m; evtl. Falschkogel, 2388 m, Maldongrat, 2544 m.
Einkehrmöglichkeiten: Anhalter Hütte, zudem Gasthäuser in Pfafflar, Boden und Bschlabs.
Sehenswertes: Bergbauerndörfer und die historischen Blockhäuser in Pfafflar.

Im Bereich des Lechtales gibt es so viele interessante Ausflüge, daß man damit bereits einen eigenen Führer dieser Art füllen könnte. Die Lechtaler Alpen gehören zu den ausgesprochen wilden und ursprünglichen Gebirgen. Überall bilden markante Felsgestalten einen eindrucksvollen Hintergrund.

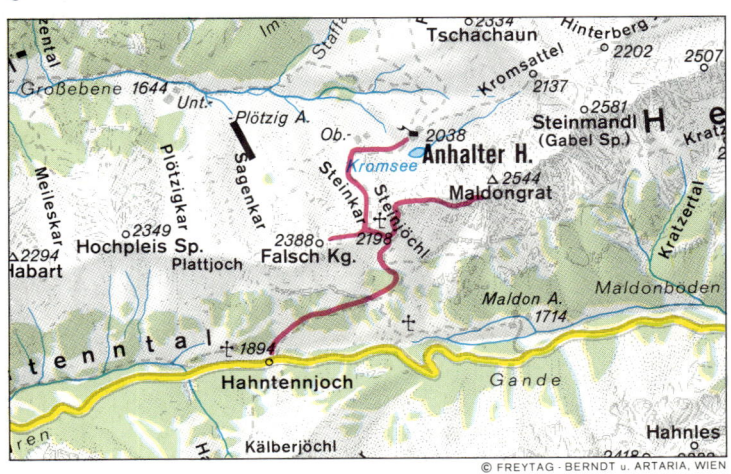

© FREYTAG · BERNDT u. ARTARIA, WIEN

Zu den schönsten Zielen zählen die zahlreichen Bergseen in den Hochkaren, die man meist auf ordentlichen Steigen erreichen kann. Auch mancher der etwas kleineren Gipfel wurde mit einem Weg erschlossen, während die großen Felszinnen nur die erfahrenen Bergsteiger erreichen können.

Zur Anhalter Hütte, 2038 m: von der Straße ein paar Meter hinab, dann immer schräg rechts durch die Hänge in eine Hochmulde und durch sie auf dem holprigen Steig ins Steinjöchl, 2198 m. Drüben über eine kurze Steilstufe hinab, dann rechts am Steinkar entlang, um einen Rücken herum und zur Hütte etwas oberhalb des bescheidenen Kromsees.
Die beiden Gipfel: Die entsprechenden Steige beginnen im Steinjöchl. Zum nahen Falschkogel nach Westen über den bald steil ansteigenden Grat mit etwas einfacher Schrofenkletterei; 40 Min. vom Jöchl. Zum Maldongrat in der entgegengesetzten Richtung erst über Gras und Geröll, dann durch Felsgassen und über kleine Stufen der zerklüfteten Südwestflanke zum Gipfel; gut 1 Std. vom Jöchl.

Bschlabs über dem Lechtal — hinten Rotwand und Peilspitze

41 Im berühmten Arlberggebiet

Rundtour zwischen Lech und Flexenpaß

Lech – Rüfikopf – Ochsengümple – Bockbachsattel – Rauhekopf-scharte – Stuttgarter Hütte – Pazüelbach – Trittalpe – Zürs

Talort: Lech, 1444 m, weltberühmtes Wintersportzentrum und sommerliches Ferienziel im obersten Lechtal, schon im Land Vorarlberg gelegen.
Ausgangspunkt: Bergstation der Rüfikopf-Seilbahn, 2320 m, oder das im Sommer ausgestorbene Hoteldorf Zürs, 1717 m.
Anreise: Durch das gesamte Lechtal nach Warth und auf kleiner Kurvenstraße nach Lech. Ca. 65 km aus dem Tannheimer Tal.

Gehzeiten: Rüfikopf-Rundtour ca. 3¹/₂ Std., Aufstieg von Zürs zur Stuttgarter Hütte 1³/₄ Std., Abstecher auf die Fanggekarspitze gut 1 Std.
Anforderungen: Ordentliche Bergwege, zum Gipfel anspruchsvoller.
Höchste Punkte: Rauhekopfscharte, 2415 m, Stuttgarter Höhe, 2305 m, evtl. Fanggekarspitze, 2640 m.
Einkehrmöglichkeit: Stuttgarter Hütte.
Sehenswertes: Roggspitze, 2747 m, ein ungewöhnlich wilder Felsberg.

Das vor allem bei den Skifahrern so begehrte Arlberggebiet mit seinen Orten Warth, Lech, Zürs, St. Christoph und St. Anton und seinen hohen Straßenpässen – Arlberg, 1793 m, und Flexenpaß, 1773 m – ist auch im Sommer stets einen Besuch wert. Sechs Alpenvereinshütten und zwei Dutzend spannender Bergfahrten stehen zur Wahl.

Rüfispitze von Süden

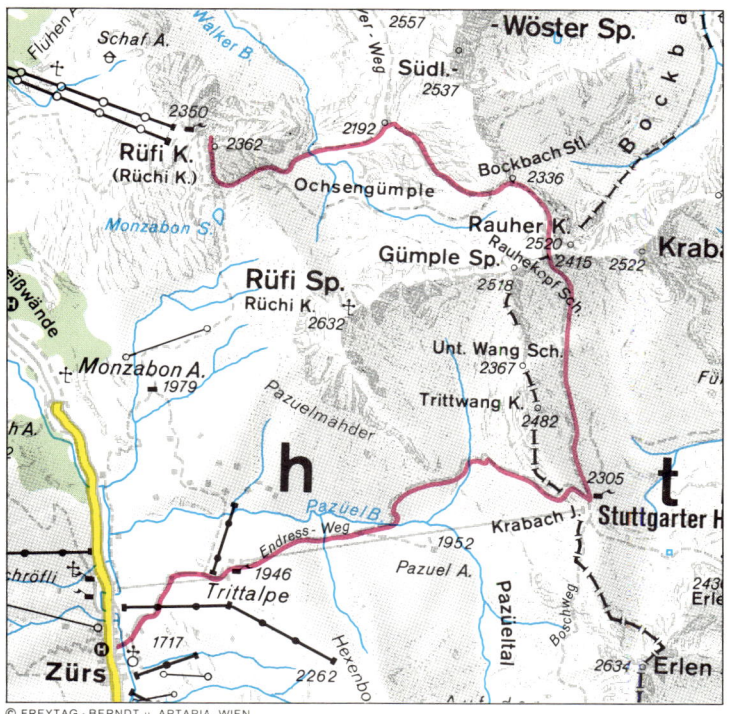

© FREYTAG · BERNDT u. ARTARIA, WIEN

Rundtour vom Rüfikopf: Von der Bergstation der Bahn rechts am Rüfikopf vorbei und in den folgenden Sattel. Nach Norden ins Ochsengümple hinab und wieder empor über den Bockbachsattel in die Rauhekopfscharte. Drüben in einen Boden und hinüber zur Stuttgarter Hütte. Auf dem üblichen Weg hinab ins Pazüeltal und über eine Geländeschulter nach Zürs. Mit dem Bus zurück nach Lech.

Direkter Hüttenzugang: In Zürs zum Kircherl und über die Hänge auf breitem Weg zur Trittalm. Kurz abwärts ins Pazüeltal und gleich gegenüber auf steilen Hängen empor zur Hütte.

Die Fanggekarspitze: Von der Hütte über Böden und durch Mulden ins Erlijoch, 2430 m. Längs des schuttreichen Grates auf mäßigem Steig zum Gipfel. Ungewöhnlich eindruckvolles Panorama!

42 Oberstdorf und Oytal

Rundtour im Herzen der Allgäuer Alpen

Oberstdorf – Nebelhornbahn – Zeigersattel – Seealpsee – Gleitweg – Oytal – Oberstdorf

Talort: Oberstdorf, 813 m, berühmter Ferienort und Zentrum des Oberallgäus, in einem weiten Kessel mit schöner Bergumrahmung gelegen.
Anreise: Aus dem Tannheimer Tal über das Oberjoch nach Sonthofen und nach Süden bis Oberstdorf. Ca. 35 km.
Ausgangspunkt: Parkplatz der Nebelhornbahn (Hinweisschilder) im Osten des Ortes.
Gehzeiten: Nebelhornbahn – Oytal ca.

1³/₄ Std., Rückweg nach Oberstdorf gut 1 Std.
Anforderungen: Kleiner, vielbegangener Bergweg in teilweise recht steilem Gelände (Sicherungen).
Höchster Punkt: Zeigersattel, 1920 m, evtl. Nebelhorn, 2224 m.
Einkehrmöglichkeit: Berggasthaus Oytal.
Sehenswertes: Eindrucksvoller, ungewöhnlich tiefer (42 m) Bergsee.

Vom Tannheimer Tal nach Oberstdorf, in das Mekka der Allgäu-Feriengäste, ist es nur ein Katzensprung. Man kann den Besuch des berühmten Ortes mit einem kleinen Ausflug verbinden – etwa in die wirklich sehenswerte Breitachklamm oder zu „Deutschlands südlichster Siedlung", nach Einödsbach am Fuß der Trettachspitze. Wenig anstrengend ist auch

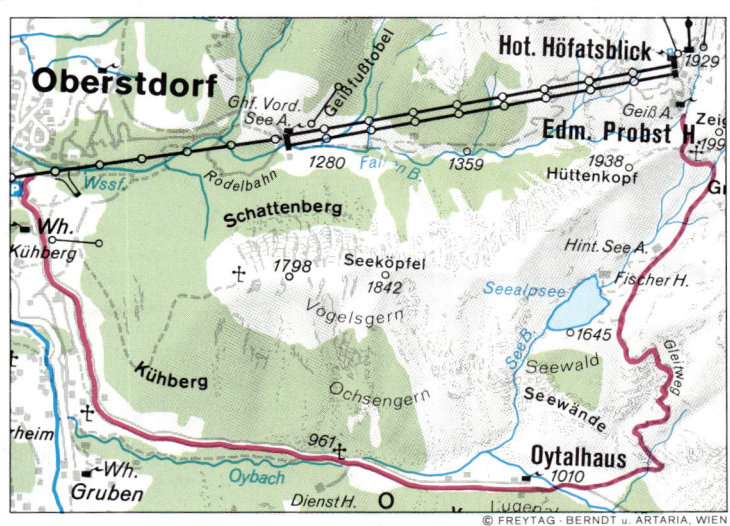

© FREYTAG · BERNDT u. ARTARIA, WIEN

Seealpsee und Nebelhorngebiet

unsere Abstiegs-Wanderung, die all das Typische des Allgäus zeigt: Blumen, Steilgras, einen Bergsee...

Der Abstieg: Mit der großen Seibahn zur Bergstation in 1929 m Höhe. Evtl. Abstecher auf den Gipfel des Nebelhorns, 2224 m, entweder Fahrt mit den Liften oder in 45 Min. zu Fuß. Dann von der Bergstation am großen Edmund-Probst-Haus des Alpenvereins vorbei in ein Tälchen hinab und gegenüber in den Hochzeigersattel mit überraschendem Blick auf den berühmten Steilgrasberg Höfats, 2258 m. Jenseits quer durch den Hang nach links zu einer nahen Verzweigung. Über die Grashänge zum Seealpsee, 1628 m, hinab, links am Wasser entlang und wieder ein gutes Stück empor auf eine Geländerippe. Quer durch den Hang zum Mäxeleseck und durch das Steilgelände oberhalb des Gündlestobels auf die nächste Rippe. Jetzt weit hinab, quer über einen felsigen Tobel und schließlich in den Boden des Oytals. Am Gasthaus vorbei talaus und entweder auf der Straße zurück nach Oberstdorf oder – weiter, aber schöner – auf dem Fußweg längs des Oybachs zur Trettach und erst rechts, dann links des Flusses zurück zum Ausgangspunkt.

43 Kleinwalsertal und Hoher Ifen

Ein Ausnahmeberg über dem Feriengebiet

Auenhütte – Ifenhütte – Hoher Ifen – Gottesackerplateau – Schneiderkürenalpe – Unterwald – Oberwald – Auenhütte

Talort: Riezlern, 1086 m, lebhafter Ferienort im Kleinwalsertal mit allen Fremdenverkehrseinrichtungen und einem Spielcasino.
Ausgangspunkt: Großer Parkplatz bei der Auenhütte, 1275 m, im Schwarzwassertal. Die Zufahrtsstraße zweigt von der Walserstraße unmittelbar hinter der Breitachbrücke ab.
Anreise: Aus dem Tannheimer Tal über das Oberjoch nach Sonthofen und durch das Illertal nach Süden. Abzweigung ins Kleinwalsertal kurz vor Oberstdorf. Ca. 45 km.
Gehzeiten: Zum Hohen Ifen 1¾ Std., Rundweg über das Karstplateau 2½ Std.
Anforderungen: Bergwege, am Ifen eine Steilstufe, die Trittsicherheit verlangt.
Höchster Punkt: Hoher Ifen, 2229 m.
Einkehrmöglichkeit: Ifenhütte.
Sehenswertes: Eindrucksvolles Karstplateau.

Das Kleinwalsertal liegt zwar in Vorarlberg, es läßt sich mit dem Auto jedoch nur aus dem Allgäu erreichen und gehört deshalb zum deutschen Zollgebiet. In den drei Orten Riezlern, Hirschegg und Mittelberg herrscht reges Leben, der Fremdenverkehr hat sie so ganz erobert. Eine sehr mar-

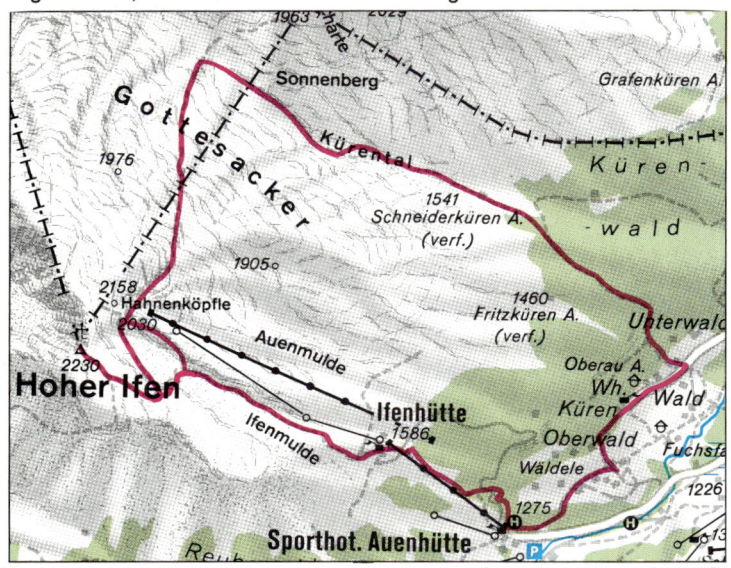

© FREYTAG · BERNDT u. ARTARIA, WIEN

Blick vom Hohen Ifen zur Mädelegabel

kante und malerische Bergkulisse mit dem dominierenden Widderstein, 2533 m, trägt viel zur Attraktion bei. Im Nordwesten wartet noch ein besonderes Phänomen auf den Besucher, der Ifen, eine Art Pult mit senkrechten Randabstürzen und einer kilometerweiten Karsthochfläche.

Der Hohe Ifen: Mit dem Sessellift zur Bergstation bei der Ifenhütte, 1586 m. Über den Grashang hinauf zu einem mit großen Blöcken dekorierten Tälchen am Fuß der fast senkrechten Ifenmauer. Rechts des Tälchens empor, dann nach links auf dem guten Steig über die sehr steile, von Felsabbrüchen durchsetzte Flanke auf die Hochfläche und ganz bequem im Gras auf den Gipfel.

Gottesacker-Rundtour: Vom Hohen Ifen wieder hinab bis an den Fuß der Felsen, dann durch den Geröllhang nach Norden zur obersten Skiliftstation am Hahnenköpfle. Gut auf die Markierungen achtend über die Karstfläche zur ehemaligen Gottesackeralpe. Dort nach rechts abbiegen, zwischen Latschen zur Schneiderkürenalpe und im Wald hinab ins Tal. Durch die Weiler Unter- und Oberwald in 30 Min. zurück zur Auenhütte. Route nur bei nebelfreiem Wetter begehen!

44/45 Die Pisten der Region
Reiche Auswahl an einfachen und rassigen Strecken

Die Tannheimer Region darf man, was Lifte und Skipisten betrifft, als total erschlossen bezeichnen; jede Gemeinde wartet mit ihren eigenen Anlagen auf. Und dabei handelt es sich um keine Baby- und Familienlifte – die gibt es natürlich auch – sondern jeweils um Strecken mit wenigstens 400 m Höhenunterschied.

Durch die hier vorherrschende Viehwirtschaft findet man viele freie Wiesen und Weideflächen. So brauchte man für die – im Verhältnis zur Höhe der Berge – schönen, weiten Pisten nicht großflächig den Wald zu roden, und man konnte Planierarbeiten im großen Stil sparen. Damit sollte aber auch die Erschließung abgeschlossen sein; eine weitere Verbauung würde dieser engräumigen Region bestimmt eher schaden als nützen.

Gäste, die nur für einen Tag zum Pistenfahren kommen, beachten die Schönheiten der winterlichen Bergwelt oft viel zu wenig. Gerade in der Region um das Tannheimer Tal wäre diese Blindheit schade. Wie großartig ist zum Beispiel der Anblick von der Bergstation des Sebenliftes: Über den niederen Kamm im Vordergrund schauen die felsigen Hauptgipfel der Tannheimer Berge mit ihren bis zu 600 m hohen Nordwänden, Gipfel wie der Gimpel, 2173 m, die Köllenspitze, 2238 m, usw. Außer den Liften bei Jungholz kann man zudem alle Anlagen ausnützen, um damit den Zugang zu schönen winterlichen Tourengipfeln und Tiefschneeabfahrten wesentlich zu verkürzen. Nicht weniger als zwölf Berge lassen sich auf diese Weise rascher erreichen!

Hier sollen die einzelnen Liftgebiete noch kurz vorgestellt werden:

Krinnenlift bei Nesselwängle: Ein Lift mit gut 400 m Höhenunterschied überwindet die Waldstufe bis hinauf zu den Weideflächen der Krinnenalpe, 1527 m. Oberhalb führen dann steile Hänge und Schrofenwände zur Krinnenspitze, 2000 m, hinauf. Ein Schlepplift erschließt die oberen, nordseitigen und damit recht schneesicheren Hänge. Sehr eindrucksvoll ist der Blick auf die gegenüberliegenden, berühmten Kletterwände. Von der Bergstation kann man Skitouren zur Krinnenspitze und dem Litnisschrofen unternehmen.

Um das Füssener Jöchl bei Grän: Ein ungewöhnlich langer Sessellift bringt die Pistenfreunde von Grän über 600 Hm ins Füssener Jöchl,

Skipiste im Tannheimer Tal

1818 m. Die geschützten Mulden jenseits der Kammes werden von zwei weiteren Liften erschlossen. Unter der Sefenspitze liegt in etwa 1900 m die höchste Liftstation der gesamten Region. Vom Jöchl lassen sich Schlicke, Schartschrofen und die Gipfel über der Vilseralpe mit Tourenski besuchen.

Die Tannheimer Bahnen: Über freie Hänge und einen breiten Rücken erreicht der zweiteilige Lift die Bergstation unter dem Neunerköpfl in 1780 m Höhe. Dort oben wird zudem eine Grasmulde jenseits des Kammes vom Gundlift erschlossen. Die Mulde trägt den scheinbar exotischen Namen „Usseralpgund", was sich jedoch ganz einfach „übersetzen" läßt: usser = äußere, gund = Tälchen, Mulde. Die Lifte verkürzen zudem den Zugang zu Sulz- und Schochenspitze.

Über Jungholz: An den herrlich freien Hängen unter dem Sorgschrofen gibt es nicht weniger als sechs Lifte. Die längsten überwinden einen Höhenunterschied von 350 m. Der Schneereichtum und die gute Erreichbarkeit aus dem Alpenvorland sorgen für die Beliebtheit dieser Pisten. Sie

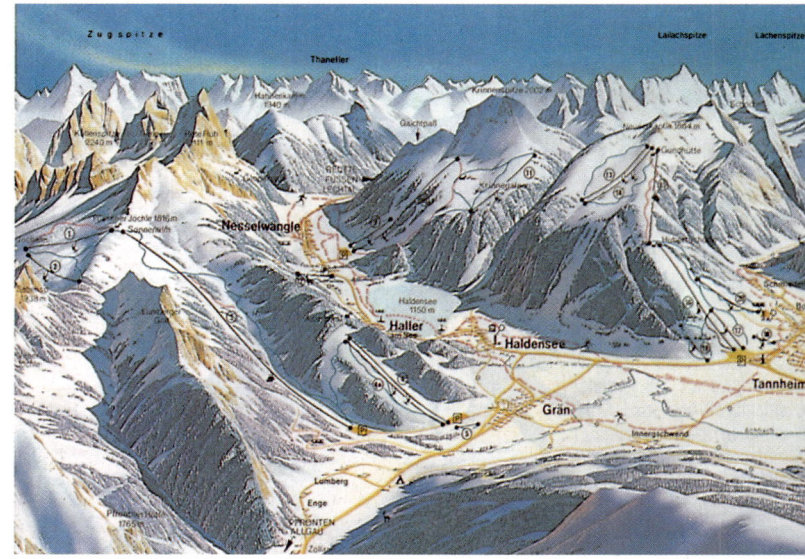

führen über weite hindernislose Weideflächen, die nur von einzelnen Bauminseln unterbrochen sind.

Bei Zöblen und Schattwald: Diese beiden so nahe beieinanderliegenden Dörfer verfügen über vier gößere Lifte, und man kann auf den Pisten von einem Gebiet ins andere fahren. Schöne, freie, nordseitige Weideflächen erschließt der Ronenlift, während es am Wannenjochlift – mit immerhin 500 m Höhenunterschied! – etwas mehr Waldschneisen gibt. Man kann diese Anlagen für die wirklich lohnenden Spritztouren auf den Kühgundkopf (Wannenjoch), den Ponten, 2045 m, und das Zirlesegg nützen.

Die unten abgedruckte Panoramakarte veranschaulicht die ganze Vielfalt der Möglichkeiten, die sich dem Pistenskifahrer bieten. Von Nesselwängle über Tannheim und Zöblen bis nach Schattwald bieten die Skigebiete für jeden etwas – nicht zuletzt auch Aufstiegshilfen für den Tourenfahrer.

Die schönsten Loipen

Begeisternde Rundkurse in eindrucksvoller Landschaft

Das Tannheimer Tal kommt in so manchem dem Unternehmungsdrang der Gäste wirklich entgegen. Doch für eine Gruppe ist besonders gut gesorgt: für die Skiwanderer. Über etwa zwölf Kilometer ziehen sich die sanften Wiesenböden des Tales hin, keinerlei Hindernisse unterbrechen die Fläche, da ja der Haldensee im Winter zugefroren ist und dann eine besonders hindernislose Bahn abgibt. Dazu kommt das ebenfalls kaum steigende Tal zum Vilsalpsee und die sehr schöne, weite Kuppenlandschaft Richtung Rehbach und Unterjoch. Und natürlich macht das Wandern und Laufen mehr Spaß mit einer so schönen Bergkulisse wie in unserem Tal, wobei es eine deutliche Steigerung von Westen nach Osten gibt. Und schließlich muß man noch den relativen Schneereichtum dieses Hochtales erwähnen.

Die Loipen wurden mit Geschick und Augenmaß angelegt, sie sind dabei mehr auf das Skiwandern als den sportlichen oder gar wettkampfmäßigen Langlauf ausgelegt. Vor allem bieten sich die verschiedensten Möglichkeiten für kleinere und größere Rundkurse, was die Sache natürlich attraktiver und abwechslungsreicher macht. Im Tal selbst stehen etwa 50 km gespurte Loipen zur Verfügung. Man hat zu-

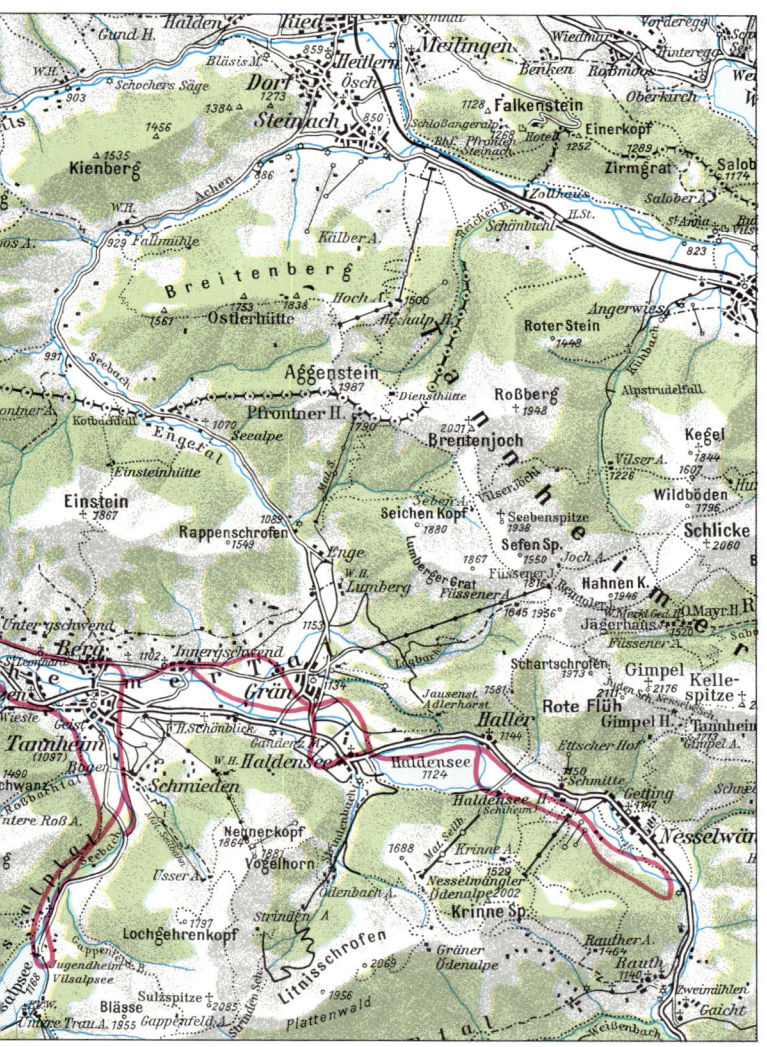

dem „Anschluß" an die Strecken von Unter- und Oberjoch. Wer mehr von einem Skiweg verlangt, wird sich den Bereich von Jungholz aussuchen. Anstiege und Abfahrten stellen dort größere Anforderungen an das Können und die Kondition, da es hier viel mehr bergauf und bergab geht.

Hier die interessantesten Schleifen und Möglichkeiten:

Rund um Tannheim: Start am Lift-Parkplatz neben der Durchgangsstraße im Nordosten des Ortes. Auf die andere Straßenseite und zur nahen Loipenverzweigung. Dort nach links und 2 km nach Westen bis hinter Kienzen. Jetzt auf der anderen Seite oberhalb der Ortes vorbei und etwas aufwärts über die Wiesenböden bis in den hintersten Talwinkel. Verzweigung. Wieder nach Norden umbiegend an Schmieden und rechts an Tannheim vorbei zurück zum Ausgangspunkt. Ca. 9 km.

Haldensee mit Hahnenkamm und Gaichtspitze

Zum Vilsalpsee: Start am Liftparkplatz im Nordosten von Tannheim. Von dort immer nach Süden – der Ort Tannheim bleibt rechts liegen – talein bis zum Ende des freien Bodens und zur Vilsalpsee-Straße. Rechts der Straße, dann wieder links von ihr hinein bis zum Vilsalpsee, 1165 m, wo die Loipe noch eine kleine Schleife beschreibt. Dann auf der rechten Seite des Tales wieder hinaus zum Ausgangspunkt. Gut 10 km.

Um Tannheim und zum Vilsalpsee: Eine Kombination der beiden vorher beschriebenen Routen. Wie bei der ersten Möglichkeit zur Verzweigung im hintersten Talwinkel. Von dort talein zum Vilsalpsee, 1165 m, und wieder zurück nach Norden zum Ausgangspunkt. Ca. 17 km.

Von Tannheim nach Rehbach: Im schmäleren westlichen Teil des Tannheimer Tales gibt es – von zwei kurzen Strecken abgesehen – nur eine Loipe. Man muß also auf der gleichen Route zurückkehren. Start am Liftparkplatz im Nordosten von Tannheim. Von dort über die Durchgangsstraße zur nahen Loipenverzweigung. Nun immer nach Westen, wobei man an Zöblen links vorbeifährt, dann Straße und Vils überschreitet und durch Schattwald das Zollamt erreicht. Dann über einsame Wiesenböden nach Norden zum Gasthaus Rehbach, 1072 m. Ca. 9 km in einer Richtung.

Bei Haldensee und Grän: Parken am Westufer des Haldensees. Von dort auf der Loipe südlich um den Ort Haldensee. Hinter ihm über die Straße und nach Westen bis etwa 500 m vor Tannheim. Hier nach rechts über die Ache, auf Grän zu, dessen Häuser jedoch links liegenbleiben. Immer nach Osten, diesmal nördlich um den Ort Haldensee und zurück zum Ausgangspunkt. Ca. 9 km.

Bei Haller und Nesselwängle: Parken südlich von Nesselwängle an den Krinnenliften. Von dort nach Südosten immer am Bergfuß entlang in den hintersten Winkel der freien Fläche. Jetzt auf einer Parallelloipe zurück zum Parkplatz. Gut 4 km. Dann weiter zum Haldensee und nach Haller, anschließend auf einer zweiten, parallelen Route zurück zum Krinnenlift. Insgesamt ca. 10 km.

Die Loipen von Jungholz: Einen reizvollen Rundkurs findet man in der Kuppenlandschaft westlich des Ortskerns (großer Parkplatz bei den Liften). Eine weitere Schleife gibt es oben bei Langenschwand (1129 m) und zwar auf den freien Wiesen östlich der Häuser. Und nach Süden führt die interessante Verbindungsroute nach Jungholz, die mit einer längeren Abfahrt beginnt.

48 Die Tannheimer Skitouren

Die interessantesten Möglichkeiten für den Skitourenfreund

Mehr als fünfzehn Ziele gibt es in diesem kleinen Gebiet! Die Abfahrten machen Spaß, sie sind rassig, eher anspruchsvoll als einfach, erfordern fast alle einen sicheren Schnee und eignen sich – von zwei Ausnahmen abgesehen – weniger für den Tourenneuling. Die typische Steilgraslandschaft mit den scharf eingeschnittenen Bachtobeln erhöht die Lawinengefahr und stellt größere Anforderungen an das Können; da ist dann das Frühjahr die beste Jahreszeit.

Schönkahler, 1688 m: 2½ Std. Aufstieg von Schattwald-Wies über den Girschling, 650 Hm Abfahrt, zwei kleine Gegenanstiege, einfach.

Wertacher Hörnle, 1695 m: Idealer Hochwinterskiberg mit hindernisloser Südostabfahrt über 650 Hm, einfach, Aufstieg von Obergschwend bei Unterjoch in 2 Std.

Wannenjoch, 1909 m: Zugang von Schattwald mit Lifthilfe, 1 Std. Aufstieg, sehr schöner, steiler Südosthang, mit Piste 820 Hm Abfahrt, Kombination mit Bschießer lohnend.

Bschießer, 2000 m: Bester Zugang über Wannenjoch, etwa 2½ Std., steile Abfahrt nach Nordosten, insgesamt 1200 Hm Abfahrt, sicherer Schnee wichtig.

Ponten, 2045 m: Klassischer Skiberg über dem Tannheimer Tal, sehr schöne, teilweise steile Nordmulde, ab Stuibenalpe Piste, mit Lifthilfe 1¾ Std. Aufstieg, direkt von Schattwald 2¾ Std., gut 900 Hm Abfahrt.

Zirleseck, 1872 m: Spritztour aus dem Pistengebiet von Zöblen, nur gut 1 Std. Aufstieg, schönes, kurzzeitig steiles Nordkar, knapp 800 Hm Abfahrt, Tiefschnee und Pisten.

Ronenspitze, 1990 m: Besonders rassige Abfahrt für besten Schnee über die auffallende Nordostabdachung, einen 700-m-Steilhang, etwas mühsamer Aufstieg über den Nordrücken, 1½ Std. ab Lift.

Gaishorn, 2247 m: Siehe Tour 49.

Geierköpfle, 2020 m: Anspruchsvolles Ziel über dem Vilsalpsee, Steilstufen, Lawinengefahr, 2¾ Std. Aufstieg, 850 Hm Abfahrt.

Bei Grän / Lumberg mit Blick auf Gais- und Rauhhorn

Steinkarspitze, 2067 m: Sehr anspruchsvoller Zugang (kurze Felsstufe) zur geschlossenen Landsberger Hütte, 1805 m, dann einfacher zum Gipfel, insgesamt 3½ Std. Aufstieg, 900 Hm Abfahrt, nur bei sicherem Firn.

Schochenspitze, 2069 m: Vom Vilsalpsee 3 Std. Aufstieg durch das sehr steile Gappenfeldtal, starke Lawinengefahr, 900 Hm Abfahrt.

Sulzspitze, 2084 m: Sehr beliebtes Ziel, Zugang meist vom Lift am Neunerköpfl über die Strindenscharte, 2 Std., Abfahrt durchs Strindental 950 Hm, anspruchsvoll.

Litnisschrofen und Krinnenspitze: Siehe Tour 50.

Schlicke, 2059 m: Landschaftlich besonders großartige Tour, Zugang von Grän mit dem Lift ins Füssener Jöchl und steile Abfahrt zur Otto-Mayr-Hütte, über die steilen Südhänge auf den Gipfel, Zugang 2 Std., Abfahrten insgesamt 1500 Hm.

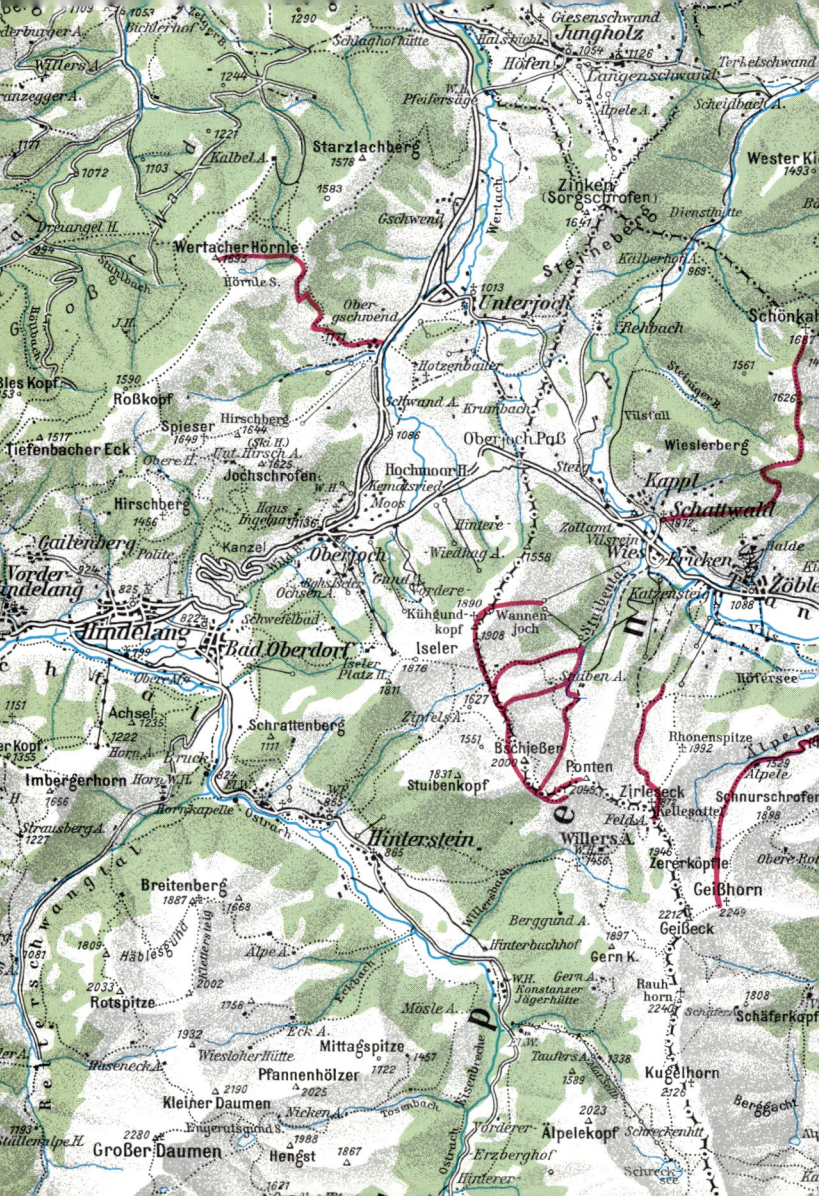

49 Skitour Gaishorn, 2247 m

Die Frühjahrs-Firntour für den Könner

Tannheim – Wiesle – Älpeletal – Älpele – Nordflanke – Gipfelgrat – Gaishorn

© FREYTAG · BERNDT u. ARTARIA, WIEN

Talort: Tannheim, 1097 m.
Ausgangspunkt: Etwa in der Mitte zwischen Tannheim und dessen Ortsteil Wiesle liegt südlich der Straße ein größerer Parkplatz.
Parkmöglichkeit: Siehe Ausgangspunkt.
Gehzeiten: Älpele gut 1¼ Std., Weiterweg aufs Gaishorn gut 2 Std.

Anforderungen: Im unteren Teil einfache, oben jedoch sehr steile Strecke, guter und sicherer Schnee unbedingt notwendig, beliebte Frühjahrstour. Gipfelaufbau zu Fuß.
Abfahrtshöhe: Etwa 1050 m, meist nordseitig.
Höchster Punkt: Gaishorn, 2247 m.
Einkehrmöglichkeit: Keine.

Es gibt keine Diskussion: Unter den Tannheimer Skitourenbergen ist das Gaishorn der König! Über tausend Höhenmeter oben rassige, dann mäßig steile Abfahrt fast ohne Hindernisse können auch den „alten Hasen" begei-

118

stern. Die Gipfelsteilhänge, aber auch die Lawinenstriche über dem Älpeletal stempeln diese Tour zu einer typischen Frühjahrsfahrt, die man auf jeden Fall noch im Mai unternehmen kann. Vor allem am Wochenende sind dann recht viele zum Gaishorn unterwegs. Wer meint, er müsse diese Tour schon im Hochwinter anpacken, sollte sich wenigstens wirklich zuverlässig über die Schneebrett-Situation informieren.

Aufstieg: Vom Parkplatz links an den Häusern von Wiesle vorbei bis vor den Älpelebach. Nun entweder auf dem Alpsträßchen (Lawinenstriche) oder etwas links davon auf dem alten Ziehweg über eine Reihe von Lichtungen hinauf zur Waldgrenze, wo man dann bald auf das Älpele trifft. Im linken Bereich der welligen Böden nach Südwesten und dann durch einen Engpaß am Fuß des Zererköpfles in das Kar unter dem Gaishorn. Über den rechten Teil des Riesenhanges immer steiler aufwärts, schließlich ohne Ski zum Grat etwas links des Gaisecks und über die Schneide, die vor allem im Frühjahr meist aper ist und sich dann gut begehen läßt, nach Osten zum Kreuz.

Abfahrt: Bis zum Älpele wie beim Aufstieg, dann auf jeden Fall über die Lichtungen im Bereich des alten Wegs. Dadurch fast waldfreie Strecke.

Aufstieg zum Gaishorn im Gebiet des Älpele (rechts Zererköpfle)

50 Krinnenspitze, 2000 m

Die „ausbaufähige" Skitour

Rauth – Südostrücken – Südgrat – Krinnenspitze; evtl. Gräner Ödenalpe – Litnisschrofen

Talort: Nesselwängle, 1136 m.
Ausgangspunkt: Von Nesselwängle etwa 1,5 km Richtung Lechtal, dann rechts ab und hinauf nach Rauth, 1140 m.
Parkmöglichkeiten: Beschränkter Parkraum am Straßenrand.
Gehzeiten: Rauth – Krinnenspitze 2¹/₂ Std.; Zugang vom Lift 1¹/₂ Std., zusätzlicher Aufstieg zum Linisschrofen 1 Std.

Anforderungen: Glattes Steilgrasgelände, deshalb nur für sicheren Schnee – am besten Firn – geeignet, Osthänge, insgesamt mittelsteil. Früher Aufbruch ratsam.
Abfahrtshöhe: 860 Hm, Rundtour insgesamt 1200 Hm.
Höchste Punkte: Krinnenspitze, 2000 m, evtl. Litnisschrofen, 2068 m.
Einkehrmöglichkeit: Keine.

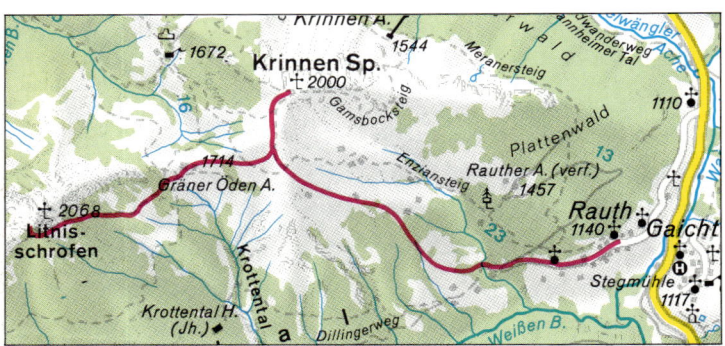

© FREYTAG - BERNDT u. ARTARIA, WIEN

Schon aus dem Lechtal fallen die makellos weißen Hänge der Krinnenspitze auf. Doch Vorsicht! Weite Teile dieses scheinbar so günstigen Geländes bestehen aus sehr steilen und glatten Grashängen, die von scharf eingeschnittenen Tobeln getrennt sind. Die reine Ostlage erfordert zudem sicheren Schnee und einen zeitigen Aufbruch. Den Konditionsstarken lockt vielleicht noch der markante, wenig bestiegene Nachbarberg, der Litnisschrofen.

Zur Krinnenspitze: In Rauth auf der Dorfstraße zum letzten Haus und noch etwa 700 m nur wenig steigend auf dem breiten Weg Richtung Birkental, bis man hinter einem Bacheinschnitt auf eine freie Fläche mit Heuhütten kommt. Über diesen Hang empor, dann etwa 100 Hm durch einen Waldstreifen zum Südostrücken. Über diese ausgeprägte Schneide auf eine Schulter im Südgrat. Etwas links der Kante über das weite Gelände zum Gipfel. Abfahrt wie Aufstieg. Ein Zugang vom Lift würde über die Nesselwängler Ödenalpe erfolgen.

Die Rundtour: Von der Krinnenspitze über die schönen Südwestmulden hinab zu einem kurzen Grat und auf diesem zum Sattel bei der Gräner Ödenalpe, 1714 m. Etwas nach links, durch eine Mulde ein gutes Stück empor und wieder nach links ins Südostkar des Litnisschrofens. An seinem Westrand empor bis unter die Felsen. Zu Fuß durch eine Rinne in eine Lücke mit gelbem Fels und über den Grat zum nahen Gipfelkreuz. Abfahrt zur Ödenalpe, Aufstieg auf die erwähnte Schulter im Südgrat der Krinnenspitze und hinab nach Rauth.

Krinnenspitze mit Ostabfahrt

Kein Wunder, es ist GORE-TEX®.

Beim Klettern, Bergsteigen und Wandern jeden Augenblick genießen! Sich auch bei Wind und Wetter immer warm und trocken, fit und leistungsfähig fühlen. Kleidung mit GORE-TEX®-Funktion sorgt für perfekten Wetterschutz und bestmöglichen Klima-Komfort. Dafür steht die GORE-TEX® Jahresgarantie.

Stichwortverzeichnis

Die Zahlen sind Seitenzahlen.

Bildbände für den Skibergsteiger

Detaillierte Informationen zu Hütten, zu Skirouten und Varianten, dazu stimmungsvoll erzählte Erlebnisberichte und großartige Farbbilder.

Peter Keill /
Hans Steinbichler
Die großen Skihütten der Ostalpen
240 Seiten mit 123 farbigen Abbildungen sowie 41 Übersichtskärtchen.
Best.-Nr. 7006

Die großen Skihütten der Westalpen
176 Seiten mit 85 farbigen Abbildungen sowie 20 Übersichtskärtchen.
Best.-Nr. 7009
je DM 68,—
(Format 22 x 28 cm, Efalin mit Schutzumschlag).

Bergverlag
Rudolf Rother